JEANNE BAILE

DÉCLARATION.

En donnant le nom *de sainte* et *de bienheureuse* à Jeanne Baile, l'auteur n'entend le faire qu'au sens et dans la mesure autorisés par les décrets d'Urbain VIII, et déclare, en outre, soumettre pleinement cet écrit et sa personne au jugement du Saint-Siège.

JEANNE BAILE

Fondatrice des Clarisses de Grenoble

JEANNE BAILE

ET

LES CLARISSES DE GRENOBLE

1468 — 1887

PAR

A. M. DE FRANCLIEU

Qui croit en Dieu, croist.
(Devise de la famille Baile.)

LYON
AUGUSTE CÔTE LIBRAIRE
8 place Bellecour 8
1887

IMPRIMATUR.

Carolus Leleux, Vicarius Generalis.

Atrebat., die 15 Augusti 1887.

LETTRES ADRESSÉES A L'AUTEUR.

Grenoble, le 17 juin 1887.

Ma chère fille,

Je bénis le Seigneur de vous avoir donné l'amour de l'Église, dont vous vous plaisez à célébrer, par vos pieux et savants écrits, les martyrs et les saints.

Vous venez de remettre en une pleine lumière la mémoire de Jeanne Baile, illustre et sainte fille de Grenoble, que les heureux du siècle oublient, mais que connaissent, par ses miracles, le peuple et les infortunés de cette ville.

Vous avez dit avec autant de grâce que de savoir l'enfance de Jeanne Baile, dont le père, premier président du Parlement de Grenoble, fut un des personnages les plus considérables du XVe siècle.

Vous nous avez montré cette jeune fille dé-

daignant et repoussant avec une haute dignité les avances criminelles du Dauphin, plus tard Louis XI, et le forçant à demeurer l'admirateur de sa vertu, comme il l'avait été de sa beauté.

C'est Jeanne Baile, ainsi victorieuse du monde, qui se donne à Jésus-Christ, conçoit le projet de fonder à Grenoble un couvent de Clarisses, exécute son projet à travers mille obstacles et en devient la première abbesse.

Sa vie, que vous dites trop rapidement au gré du lecteur ravi d'une si grande perfection, est bien celle d'une sainte. Son départ pour le ciel laisse dans les larmes, non seulement ses filles, mais la ville entière, qui se porte bientôt à son tombeau et lui demande des miracles qu'elle obtient, aussi nombreux que remarquables. Des registres officiels furent ouverts pour relater ces faits extraordinaires; ils témoignaient de la sainteté de la bienheureuse Jeanne, nom que le peuple lui donnait déjà.

Vous montrez comment elle eut bientôt sa fête, le 30 juillet, jour de sa mort, et avec quelle vénération le peuple venait se prosterner devant son chef, exposé à la piété des fidèles.

Les rois Charles VIII, Louis XII, François Ier, Henri II, François II, Charles IX, Henri IV, honorèrent Jeanne Baile et son monastère de leur royale munificence.

Ni les guerres de religion qui dévastèrent le Dauphiné, ni les excès des Huguenots, ni les crimes du baron des Adrets, rien ne put vaincre la constance des filles de Jeanne Baile, ni éteindre la dévotion du peuple pour la sainte, dont le corps, conservé avec respect, put échapper à la profanation.

Vous avez suivi ces restes vénérables à travers notre grande Révolution et jusqu'aujourd'hui; vous avez dit comment il m'a été donné naguère de porter à nos chères Clarisses du couvent de l'Ave Maria *Le Chef de Jeanne Baile.*

Votre ouvrage, ma chère fille, est un cantique pieux en l'honneur de la Bienheureuse Jeanne; une admirable page de l'histoire du Dauphiné; une peinture du XVe et XVIe siècle si horriblement troublés par le protestantisme. Il montre aux yeux de tous que la religion catholique élève les âmes, et qu'elle a fait la grandeur de la France en tous temps.

† Amand-Joseph,

évêque de Grenoble.

Chambéry, 5 juin 1887,

Mademoiselle et ma fille,

Revenu ici, pour faire l'Ordination de la Trinité, j'ai repris, ce matin, le cours de mes visites pastorales, que je continuerai, s'il plaît à Dieu, tous les jours, jusqu'au 7 juillet prochain.

L'attention que vous avez bien voulu avoir de soumettre à mon appréciation votre travail sur la vénérable Jeanne Baile, me fait un devoir de vous en témoigner ma reconnaissance.

Il est vrai qu'à défaut de renseignements nombreux sur sa vie, vous avez été obligée de donner sur sa noble et si chrétienne famille, des détails très intéressants, et de plus nombreux encore sur les preuves évidentes de l'efficacité et de la protection que la divine Providence a accordées à ses saintes reliques.

A ce point de vue vous avez rendu un grand service aux âmes pieuses, et aussi à la cause de la béatification de la vénérable, si justement honorée dans le Dauphiné et ailleurs.

Que Dieu vous récompense de ce travail entrepris, poursuivi, et accompli par vous avec une si grande pureté d'intention, pour la gloire et le bien de la sainte Église.

Agréez, Mademoiselle, l'expression de mon très respectueux et entier dévouement en N. S.

† *François de Sales-Albert*

Archev. de Chambéry.

Valence, le 2 août 1887.

Mademoiselle,

Votre notice sur Jeanne Baile vient ajouter un nom de plus à la série de ceux dont votre plume infatigable et pieuse a réveillé le souvenir dans notre cher Dauphiné.

Autrefois, aimé et béni de nos pères, surtout dans la ville de Grenoble que la Sainte avait édifiée par ses vertus, ce nom était presque tombé dans l'oubli, parmi le peuple, depuis la grande révolution qui accumula tant d'iniquités et de ruines. Mais il resta profondément gravé dans le cœur des filles de Sainte-Claire qui, en se dispersant, emportèrent comme un précieux trésor les reliques de leur sainte fondatrice.

Valence a eu le bonheur de posséder longtemps son chef vénéré; et ce n'est pas sans s'imposer un dur sacrifice que les Clarisses de cette ville et leur Evêque s'en sont dessaisis, au profit de leurs sœurs de Grenoble.

Ils en sont dédommagés par la publication des documents précieux que vous avez recueillis, et qui entourent d'une nouvelle auréole la mémoire de cette âme privilégiée.

Nos populations apprendront ainsi à la mieux connaître, et l'invoqueront désormais avec autant de ferveur qu'on le faisait autrefois. Puissions-nous, par son intercession, obtenir pour la génération actuelle, le renouvellement de la foi et de la charité, l'amour des grandes œuvres et le courage des grandes vertus.

Recevez, mademoiselle, avec toutes mes bénédictions pour vous et votre livre, l'hommage respectueux de mon religieux dévoûment.

† CHARLES,

Evêque de Valence.

† Ems (Allemagne) 30 juillet 1887.

En la fête de la B. Jeanne Baile, de l'Ordre des pauvres Clarisses.

Mademoiselle,

Je me félicite presque du retard involontaire que j'ai dû mettre à remplir ma promesse de vous envoyer quelques lignes d'appréciation sur la vie de Jeanne Baile, *puisqu'il m'est donné de vous les adresser au jour même consacré par la persévérante piété du peuple de Grenoble, à la mémoire de celle dont la sainteté a laissé d'ineffaçables traces en son cœur.*

Puissions-nous bientôt avoir la consolation et la joie de voir le Saint-Siège apostolique ratifier ces touchantes manifestations d'une foi toujours vivante, afin que nous puissions dire tout haut dans nos églises : Bienheureuse Jeanne Baile, douce et austère fille de Claire la séraphique, priez pour le Dauphiné et pour la France.

Votre livre si plein de vie et d'intérêt sur la Bienheureuse, aura sa grande et belle part dans la préparation de ces solennités saintes, et grâce à vous, nous aurons pu suivre dans ses voies, cette fille du cloître, au caractère à la fois tendre et fort, qui nous apporte dans les sublimes monotonies de sa vie une preuve de plus de l'incessante action de N. S. Jésus-Christ sur les âmes !

Naître et grandir dans une atmosphère imprégnée de foi, de noblesse, de dévouement à toutes les grandes causes; voir autour de soi l'épreuve atteindre les vies les plus chères et les plus généreusement dépensées, en leur donnant comme une auréole, ce je ne sais quoi d'achevé que le malheur ajoute à la vertu; entendre au travers des commotions qui bouleversent le sol de sa patrie, la voix de Dieu appelant à la réparation et au sacrifice et réaliser le mot du psalmiste : « Voici que je fuis à tire d'aile, et que je me repose dans la solitude, parce que j'ai vu dans ma cité natale l'iniquité et la contradiction; » cacher dans un cloître son intelligence et sa beauté, puis revenir dans son pays, pieds nus, la croix à la main, comme une vivante apparition de l'apostolat de la prière et de la souffrance; chanter le jour et la nuit la divine louange dans le monastère de Sainte-Claire de l'Ave Maria, puis mourir comme une lampe qui s'éteint, parce que l'amour divin a tout consumé, c'est une histoire que sous des noms divers, nous avons lue cent fois, et c'est celle de la B. Jeanne Baile... Or, pourquoi y trouvons-nous de l'attrait et des charmes, sinon parce que notre foi y découvre un commentaire nouveau de la parole de Dieu, qui crée les Saints en se jouant, comme il jette les étoiles dans les champs de l'espace : « Si le grain de froment ne meurt pas en terre, il ne donne pas de fruit, mais s'il meurt, la moisson sera abondante ! »

Cette moisson, mademoiselle, Dieu daignera la multiplier entre vos mains, et vous voudrez bien me permettre en terminant d'évoquer un souvenir.

Je vous envoie ces lignes du pays d'une des plus pures gloires de la famille Franciscaine, de Sainte Elisabeth de Hongrie. Je vois s'étendre devant moi les grandes forêts de la Thuringe, le long des rives de la Lahn, où tant de fois passa, souriante et forte, l'humble et douce fille de saint François; et souvent le matin, près de l'église, de petits enfants répétant le vieux salut des pays catholiques, Laudetur Jesus Christus, *me présentent des roses parfumées qui me font penser à celles qui tombaient de la robe de la chère sainte Elisabeth quand elle parcourait les mêmes sentiers.*

Or, il y a cinquante ans, tous ces grands souvenirs dormaient dans l'oubli, quand Dieu envoya sur ces chemins allemands, dans un des pèlerinages de sa jeunesse, le comte de Montalembert. Son âme ardente et croyante s'éprit de cette suave figure de sainte Elisabeth, il recueillit avec amour tout ce qui lui parlait d'elle, et vous savez quel chef-d'œuvre en sortit. — Jusqu'à ses derniers jours, il garda vivantes en son cœur les nobles passions de ses vingt-cinq ans, et ne vous souvenez-vous pas de cette page des moines d'occident, *où il raconte que la nuit, dans le silence du vieux manoir peuplé de livres, trop longtemps avant lui ensevelis dans la poussière, et racontant les vies oubliées de nos martyrs et de nos moines, de nos apôtres et de nos vierges, il entendait l'appel de leurs grandes âmes qui lui disaient : « Travaille et fais nous revivre; notre temps a plus que jamais besoin des vivantes leçons de sacrifice et d'amour divin! »*

Et pour vous aussi, mademoiselle, je suis sûr que de la chère solitude que vous avez peuplée de tant d'apparitions de nos martyrs, de nos confesseurs de la foi et de nos vierges, s'élèvent souvent des voix intimes qui vous disent merci de n'épargner ni temps ni labeurs, pour nous faire connaître tant de nobles et saintes vies, et nous aider ainsi, en nous approchant des saints, à nous approcher de Dieu.

Veuillez agréer, je vous prie, Mademoiselle, la nouvelle expression de mes sentiments les plus respectueusement dévoués en N.-S.

† F. J. XAVIER JOURDAN DE LA PASSARDIÈRE,

O. S. P., Évêque de Rosea.

AVANT-PROPOS.

JEANNE Baile appartient à cette phalange d'élus que Dieu a donnés au monde dans les vues du plus miséricordieux amour, mais, ce n'est pas là son seul titre à nos hommages.

Fille du premier président du parlement de Grenoble, elle est née dans nos montagnes, vers 1440 ; elle y a vécu, elle y a souffert, elle y a consacré au Seigneur son cœur vaillant et pur.

Nos pères l'ont vue à l'œuvre : ils ont admiré sa foi et sa patience ; ils l'ont aimée. Au jour de sa mort, « ils se sont levés et l'ont proclamée *bienheureuse* [1]. »

Pendant trois cents ans, ils n'ont cessé de lui demander son secours et de venir respectueusement vénérer ses précieux restes ; pen-

[1] Proverbes XXXI.

dant trois cents ans « son sépulcre a été glorieux [1] ; » les malades et les affligés l'ont béni.

L'un des successeurs de saint Ferjus et de saint Hugues, Mgr Le Camus, craignant, vers la fin du XVIIe siècle, que ce culte public ne fût contraire aux ordonnances de l'Église, l'interdit.

Mais, nos pères se précipitant comme un seul homme vers l'évêché, demandèrent à grands cris, à l'illustre pontife la révocation de sa défense : Mgr Le Camus reconnut leur droit.

Ce culte datait de deux siècles, il avait été *toléré par les évêques* ses prédécesseurs, et d'après le décret du pape Urbain VIII, daté de 1625, *il pouvait être continué dans la mesure où il avait été pratiqué pendant ce long espace de temps* [2].

Alexandre VII, confirmant, expliquant et complétant les décrets d'Urbain VIII, avait ajouté : « *La Sacrée Congrégation n'entend*

[1] Isaïe XI, 10.

[2] Benoit XIV. *De Beatific.*, lib. 1, cap. 37.

pas, par ces présentes, supprimer un culte déterminé rendu aux bienheureuses, au moins pendant un laps de cent ans, si le Saint-Siège apostolique ou l'Ordinaire a eu connaissance de ce culte et l'a toléré[1]. »

La Révolution, en chassant les pauvres Clarisses de l'asile où elles se sanctifiaient et en proscrivant les restes précieux de Jeanne Baile, allait-elle détruire ce culte que Mgr Le Camus, éclairé par les ordonnances des Papes, avait laissé debout et vivant ?

Non... elle n'a pu que le couvrir des ruines qu'elle avait faites, qu'amortir son éclat sous les cendres de l'autel.

Après quatre-vingt-quinze ans d'épreuves persécutrices, le culte de Jeanne Baile n'est pas éteint, son pouvoir n'est pas amoindri. Jamais ses compatriotes n'ont cessé de la prier ; jamais elle ne s'est lassée de les consoler et de les guérir.

Ne pouvons-nous donc espérer, nous qui sommes les enfants de son cœur, de voir ce culte si doux à nos âmes, autorisé, voulu,

[1] Décret du 20 septembre 1659.

consacré par notre mère la sainte Église.

Les temps orageux que nous traversons ne doivent que nous le rendre plus précieux. N'est-ce pas lorsque la terre tremble, qu'ils nous protègent avec le plus de tendresse, ces saints, ces athlètes invincibles de la vérité et du devoir qui, avant nous, ont conquis le ciel ?

Grenoble, 19 mars 1887.

JEANNE BAILE

I

ENFANCE DE JEANNE BAILE

1438-1467.

Vers le milieu du XVe siècle, alors que sainte Colette rétablissait dans sa primitive observance la règle de Sainte Claire, une enfant naissait en Dauphiné, qui allait être appelée par le Seigneur, à continuer la vie pénitente de ces deux saintes et à renouveler leur immolation : on lui donna au baptême le nom de Jeanne [1].

Son père, Jean Baile[2], était originaire de l'Em-

[1] Jeanne Baile doit être née vers 1438. La date positive ne nous est pas connue.

[2] « Le nom de cette famille, en latin, Baiuli est écrit diversement par les auteurs. » — M. Pilot. *Notice sur l'ancien monastère des Clarisses de Grenoble.* Nous nous

brunois, seigneur de Pellafol, de saint Julien, de Chaillol et de Freizinière; sa mère appartenait à la famille de Marolles, elle se nommait Alix[1].

Les charges d'avocat et de procureur au conseil Delphinal avaient fixé Jean Baile à Grenoble; il était citoyen de cette ville, rapportent de vieux titres[2], et « la profondeur de son savoir, la solidité de ses conseils, sa grande expérience et maturité[3], » ne devaient pas l'y laisser au second rang : en 1439, le roi Charles VII, suivi du jeune dauphin, étant venu à Lyon, Jean Baile y fut envoyé par le conseil et reçut le témoignage de la satisfaction royale[4].

De nombreux enfants[5] vinrent bientôt, en doublant ses devoirs, accroître les joies de son

sommes arrêtés à l'orthographe adoptée par les secrétaires de la cour des comptes, Guy-Allard, Chorier.

[1] Guy Allard. Jean Baile avait épousé en première noce N... de Sionnas. — *Généalogies et armoiries Dauphinoises*, par M. Maignien. Note n° I.

[2] Contrat de mariage de Marie, fille de Pierre Baile, seigneur de Saint-Didier. — Bibliothèque de Grenoble, R. 80, n° 27.

[3] P. Fornier. *Hist. des Alpes-Maritimes.*

[4] « Ses gages qui n'étaient que de 200 livres furent élevés de 50 ». — Chorier.

[5] Il eut neuf garçons et neuf filles d'après Albert, — *Histoire ecclésiastique du diocèse d'Embrun.*

foyer. Les historiens Dauphinois nous ont transmis les noms de Jeanne, la pieuse fondatrice du monastère des Clarisses de Grenoble ; de Jean, élu fort jeune à l'archevêché d'Embrun et resté jusqu'à sa mort, l'amour de son peuple et la terreur des hérétiques [1]; » d'Humbert, protonotaire du Saint-Siège, chanoine et archiprêtre de l'église de Grenoble ; de Pierre, seigneur de Saint-Didier, et procureur au parlement [2]; d'Antoine, dont le petit fils Laurent devait être la tige des Baile de Sauret d'Aspremont [3]; de Marguerite qui épousa Jean de la Villette ; d'Antoinette qui s'unit à Jean d'Arce ; de François [4], de Rodolphe [5], de Louise enfin, que nous verrons, au lendemain de la fondation du monastère de l'Ave Maria, se joindre à sa sœur, pour vivre avec elle dans les devoirs et les délices du service divin.

[1] Les Vaudois. — P. Fornier. *Hist. des Alpes-Maritimes.*

[2] Pierre Baile épousa Antoinette de Rame.

[3] Antoine Baile épousa Félize de Bellecombe.

[4] François Baile signe, comme écuyer, la requête présentée à Charles VIII, pour demander la révision du procès de son père. Sa descendance nous est inconnue.

[5] De Rodolphe Baile, nous ne connaissons que le nom. *Généalogies et armoiries Dauphinoises, par M. Edmond Maignien, conservateur de la bibliothèque de Grenoble.*

Il est facile de se rendre compte de l'éducation virile et pieuse que reçut Jeanne à ce foyer où la loi de Dieu était observée dans toute son intégrité et les plus nobles penchants de l'âme développés avec un soin jaloux. Aussi, tandis que ses frères Pierre, Antoine, Rodolphe, François ornaient leurs armes[1] de cette devise « *Qui croit en Dieu, croist* », pouvait-elle justement y ajouter le cri de saint Bernard : « *Qui amat, amat !* » « Qui aime, aime ! » et élever vers le Seigneur un cœur que les passions et les vanités de la terre ne devaient pas ternir.

Mais, il nous faut, pour admirer dans toute leur suavité les vertus de cette humble et énergique enfant, jeter un coup d'œil rapide sur les tristesses et les gloires de ces temps troublés.

Jeanne d'Arc, prise par les Anglais, avait été condamnée comme hérétique et brûlée[2] ; et au pied du bucher où les membres de cette jeune fille, envoyée par le ciel au secours de la France, étaient tombés en cendre, l'honneur Français

[1] Les armes de la famille Baile sont « d'or à un croissant d'azur accompagné de trois roses de gueules ». Chorier.

[2] En 1430.

avait été atteint d'une cruelle blessure. Pour le venger, Charles VII lança ses armées en Normandie et en Guyenne, où bientôt, il ne lui resta plus un ennemi[1]. Mais ce monarque victorieux au dehors, ne jouissait d'aucune paix à Paris. Aux cabales de sa cour venaient se joindre les mécontentements de son fils, que l'esprit de domination et d'indépendance animait. Même à la suite de sa brillante expédition de Guyenne, ce jeune prince se sentait mal à l'aise auprès des ministres et des généraux qui se partageaient la puissance, et surtout auprès d'Agnès Sorel, qui devait garder à la cour, jusqu'au dernier soupir, une suprématie odieuse et redoutée.

Il demanda d'aller gouverner le Dauphiné. Charles VII, comptant occuper ainsi son esprit inquiet, soupçonneux et jaloux, le lui permit. Deux conditions seulement furent mises à cette cession, afin d'entraver la puissance altière à laquelle la malheureuse province allait être forcément soumise : 1° Les officiers, nommés par le roi, devaient conserver leurs charges, à moins de crimes flagrants ; 2° les lettres patentes expédiées pour le Dauphiné, devaient en-

[1] 1446.

core y paraître scellées du sceau de la province, par conséquent émanant du chancelier de France, gardien de ce sceau.

Le Dauphin souscrivit à tous les désirs de son père, mais une fois dans sa province, il se hâta de jeter le masque, de réunir les États, de déclarer la guerre au duc de Savoie, auquel il avait mission de demander la paix, et de faire démolir les châteaux et maisons-fortes qui pouvaient lui faire ombrage et ne servaient point à la défense du pays [1].

Ce fut au mois d'août 1447, qu'il fit son entrée à Grenoble [2].

Étienne Guillon, président du conseil Delphinal, le harangua au nom de la ville. Ce magistrat était éloquent [3], et tandis qu'il parlait, le peuple accouru en foule, put considérer à loisir la physionomie mobile, le regard ardent et perspicace, le sourire railleur du jeune prince, également maître de ses haines et de ses affections, que la France allait quelques années plus tard, compter au nombre de ses rois.

[1] Laurentie, *Histoire de France*. Chorier, *Histoire du Dauphiné*.

[2] Legeay, *Histoire de Louis XI*.

[3] Guy Allard.

II

JEANNE BAILE ET LE DAUPHIN

1447-1456.

Jean Baile avait sans doute assisté à l'entrée du jeune Dauphin dans sa capitale, toutefois, nous n'en possédons pas la preuve. Ses rapports avec ce prince ne s'ouvrent dans l'histoire du Dauphiné, que deux ans plus tard, lorsque le traité de Briançon ayant été conclu avec la Savoie [1], les limites des deux États durent être fixées. Le Dauphin choisit alors Jean Baile et Jean d'Origny, maîtres des comptes pour les discuter et les régler [2]. Ces deux jurisconsultes se rendirent au Pont de Beauvoisin, dans les premiers jours du mois de mai 1450 ; mais, les

[1] Le 10 août 1449.
[2] Legeay, *Histoire de Louis XI*.

pourparlers de cette pacifique ambassade, que le Dauphin termina le 14 février suivant, en épousant la princesse Charlotte [1], se perdent pour nous dans les rumeurs confuses qui déjà s'élèvent de toutes parts contre ce prince et ne tardent pas à monter jusqu'au trône.

Non seulement, il avait pris à tâche d'abaisser la noblesse Dauphinoise, en attaquant ses libertés ; mais il se plaisait à attenter aux droits des communes, en leur imposant des charges que jusque-là elles n'avaient pas portées ; et parce que nobles et bourgeois pouvaient en appeler aux anciennes coutumes, il transforma le conseil Delphinal en parlement et lui conféra sur la province tous les pouvoirs qu'exerçait en France le parlement de Paris [2].

Redouté de ceux qui ne le connaissaient pas, le Dauphin l'était bien davantage de ceux qui se montraient les fidèles soutiens de son pouvoir ; car à des volontés arbitraires et despotiques, toujours prêtes à s'affirmer, il joignait des passions violentes que nul autour de lui ne pouvait contredire.

[1] Fille de Louis, duc de Savoie. Le mariage du Dauphin fut célébré à la Côte-S.-André.

[2] Legeay, *Histoire de Louis XI.*
Laurentie, *Histoire de France.*

Marguerite de Sassenage, veuve d'Amblard de Beaumont en avait été la victime ; d'autres jeunes femmes allaient tomber après elle.... Jeanne Baile devait résister aux fallacieuses promesses du prince.

Ses annalistes nous la dépeignent en ces jours de sinistre mémoire, « autant belle d'âme, que de corps et de surnom, dédiée à la piété et liée dès son jeune âge, par un irrévocable vœu, à l'époux divin[1].... »

Les années qui s'étaient écoulées depuis cet engagement céleste, n'avaient fait que fortifier sa résolution : c'était dans le silence et la paix de la demeure paternelle, qu'elle attendait l'heure de la réaliser, en entrant dans un monastère.

Toutefois cette attente ne l'éloignait pas de son Sauveur, au contraire ; elle vivait toute occupée de Lui, le contemplant, l'écoutant, l'aimant, aimant en Lui tous ceux qu'Il aimait; s'efforçant de le suivre; bien plus, de lui ressembler, afin de devenir comme Lui, en Lui et par Lui une hostie vivante et pure.

Dans ce but, elle s'appliquait à mortifier son

[1] Fodéré. *Narration historique et topographique des monastères de la province de S. Bonaventure.*

corps, en le soumettant en toutes choses à l'esprit ; à sanctifier son âme, en évitant scrupuleusement les plus légères fautes ; à éclairer son intelligence, en étudiant les vérités de la foi ; à élever son cœur, en le dépouillant courageusement de toute affection qui ne l'aurait pas conduite à sa fin.

Cette existence toute de bonheurs, d'élans vers l'Infini, d'aspirations à la souveraine beauté avait doué sa physionomie d'une grâce incomparable. Il n'était personne autour d'elle qui n'en subit le charme. Dès que le Dauphin l'eut aperçue, il en devint violemment épris. Mais, comment avouer son dessein coupable à cette jeune fille, que l'ombre d'une tentation sous ce rapport, n'avait jamais atteinte, et qui néanmoins se tenait sur ses gardes comme si toujours elle avait été en danger de faillir ? Le prince crut pouvoir le tenter ; il y revint même à plusieurs reprises... Jeanne le repoussa avec une énergie si respectueuse, que le Dauphin, quoique vaincu, ne se sentit pas blessé.

Il est vrai que pour rejeter à jamais ses perfides hommages, Jeanne s'était hâtée de lui révéler à quel Tout-Puissant Seigneur elle avait consacré sa vie. D'agresseur, le prince Louis, ne tarda pas à se faire le champion de ce Tout-Puissant Seigneur que lui-même adorait dans le tumulte des combats. Il demanda à Jeanne ce qu'il pourrait faire pour l'aider à réaliser son dessein? Jeanne qui déjà avait entendu parler des fondations de Sainte Colette en Bourgogne et en Savoie, comme aussi de la vie pénitente et sainte que menaient ses filles spirituelles, le pria de fonder dans la ville de Grenoble, un monastère de Clarisses réformées où elle put vivre et mourir fidèle à son serment.

Le Dauphin le lui promit [1].

[1] Guy Allard, *Description historique de la ville de Grenoble. Histoire du diocèse de Grenoble.* Nicolas Charbot, *Histoire de Grenoble.*

III

JEAN BAILE PREMIER PRÉSIDENT
FUITE DU DAUPHIN

1456.

Le 27 janvier 1456 [1], le Dauphin Louis nomma Jean Baile, président unique du parlement de Grenoble, et Jean offrit au prince l'hommage de sa fidélité.

Ce serment le liait également au trône et au Dauphiné : au trône, puisque Charles VII ratifiait le choix de son fils, au Dauphiné, car en le prêtant, Jean Baile s'engageait à défendre les intérêts des peuples dont la juridiction lui était confiée.

Si la paix eut régné, rien n'eut été plus facile à ce magistrat, consciencieux et intègre, que d'allier les devoirs divers que lui imposait sa

[1] Procès de Jean Baile. *Archives de l'Isère, B. 2948.*

charge, et de satisfaire à la fois aux nécessités de l'État et aux besoins des peuples.

Mais il était à peine installé comme président que de graves contestations surgissaient entre le roi et le Dauphin, devant lesquelles il n'allait pas pouvoir rester indifférent.

Charles VII, depuis longtemps inquiet des intrigues de son fils, et désespérant de le soumettre jamais à son autorité par des ordres quelque paternels qu'ils fussent, résolut enfin de l'arracher par les armes à la province où il s'était confiné.

Chabannes, comte de Dammartin, fut envoyé à la tête d'une armée pour se saisir du jeune prince. Il n'eût qu'à paraître en Dauphiné, et Louis, souverain la veille de cette délicieuse province, dut, dès le lendemain, errer en proscrit, accompagné seulement de quelques gentils hommes, les compagnons de ses veillées joyeuses, Jean d'Armagnac, le prince d'Orange, Humbert de Basternay, François d'Urre.....

Plusieurs fois les troupes royales furent près de l'atteindre. Il sut leur échapper. On raconte, qu'arrivé auprès de la Buissière, brisé de fatigues, mourant de faim, monté sur un cheval dont il pressait en vain les flancs ; il rencontra le hobereau Hugues Coct, l'accosta sans le connaître, et se fiant à son honneur, lui avoua qu'il était le Dauphin, persécuté et trahi. Hugues Coct, le reçut avec respect, et après avoir protégé son repos, lui offrit 2000 florins d'or et un cheval afin de poursuivre sa route. Quelques heures après, le Dauphin pénétrait en Savoie et de là passait en Flandres[1].

Le roi ne tarda pas à suivre le comte de Dammartin en Dauphiné, et du château de S-Priest, où il s'établit, de travailler à prévenir le retour de son fils, qui eut été pour la France le signal d'une véritable guerre civile.

Pendant ce temps, le jeune prince essayait de gagner à sa cause son oncle, le duc Philippe de Bourgogne, auprès duquel il avait trouvé un asile; mais à peine en obtint-il une pension[2] et l'envoi de quelques ambassadeurs, chargés de conclure avec son père, une paix, dont il ne voulait qu'abuser.

Les chroniques Dauphinoises ont gardé le souvenir de ces négociations. L'astucieux Dauphin y apparait au grand jour : tantôt donnant l'ordre au gouverneur de Grenoble, aux mem-

[1] Chorier, *Hist. du Dauphiné.*
[2] De 36,000 écus.

bres du parlement et de la Chambre des comptes, aux officiers et gens de lois qui jadis lui avaient juré fidélité, de prêter serment au roi; tantôt leur imposant un serment qu'ils ne pouvaient pas prêter et que Charles VII était contraint de refuser; paraissant un jour soumis aux désirs de son père et prêt à s'incliner devant ses ordres, et le jour suivant effaçant d'une main haîneuse les propositions auxquelles le roi eut voulu souscrire[1].... Après quelques semaines de débats, les ambassadeurs s'éloignèrent sans avoir rien conclu.

Le Dauphiné ressentit vivement le contrecoup de ces discordes, et les lettres de Charles VII, annonçant au parlement l'insuccès des négociations entamées avec le Dauphin, ne calmèrent pas l'émotion publique. Elle était du reste fomentée par le prince lui-même. Sans cesse, il lançait vers cette province des émissaires chargés d'encourager ses partisans, de les réunir, de les compter, de demander des subsides. Jean Baile, président du parlement fut contraint de se déclarer pour le roi, afin de sauvegarder l'ordre et la paix. C'était assumer

[1] Mémoire adressé à la maréchale de Joyeuse, par Lérisse. *Bibliothèque de Grenoble, U. 80, n° 8.*

sur sa tête des foudres dont il était loin de prévoir les terribles éclats.

Mais quelle vision pour Jeanne que celle de ce prince, quelques jours auparavant maître des fortunes et des vies, que les plus braves de ses officiers craignaient, que les plus habiles de ses conseillers n'osaient contredire , devant lequel elle-même avait tremblé pour son honneur, et que Dieu renversait du faîte de la puissance, à l'heure où il allait se révolter ouvertement contre son père.

Quelle épreuve encore pour cette jeune fille, à laquelle le Dauphin avait promis la fondation d'un monastère, que de se retrouver au lendemain de son départ, privée du secours humain sur lequel elle comptait.

Cependant, elle ne se découragea pas. Agenouillée aux pieds de son Seigneur, elle se soumit humblement à ses désirs sacrés, connus et inconnus. Ne pouvait-il pas ce souverain Maître avoir sur sa servante des pensées de miséricorde et d'amour dont il gardait encore le secret ?

IV

CONDAMNATION DE JEAN BAILE

1457-1463.

Tandis que le Seigneur paraissait éloigner sa pieuse servante, en lui disant comme autrefois à son apôtre : — « Vous ne pouvez encore venir où je vais ! » Il attirait à lui par des appels réitérés et pressants ses deux frères, Jean et Humbert. Tous deux écoutèrent sa voix et furent élevés au sacerdoce. Humbert, s'attacha à l'église de Grenoble comme à sa mère et en devint l'archidiacre. Jean, retourna au pays de ses ancêtres [1] et fut par là même désigné aux suffrages des chanoines de la cathédrale d'Embrun, qui l'élurent archevêque, en 1457.

[1] Il était chanoine d'Embrum quand il fut élu archevêque. — Albert, *Histoire ecclésiastique du diocèse d'Embrun.*

La joie du premier président fut grande le jour de la consécration épiscopale de son fils, à laquelle il voulut assister[1] ; elle fut grande également lorsque les vœux du parlement, sanctionnés par le roi, appelèrent l'ainé de ses autres enfants, nommé Pierre, à la charge de procureur fiscal ; mais elle dura peu.

Charles VII venait de mourir, et son fils s'était saisi du sceptre comme on se saisit d'une épée lorsqu'on a l'âme agitée par de sombres desseins. Bientôt, l'on apprit en Dauphiné, que le premier acte de la puissance de ce prince serait la mise en accusation des meilleurs serviteurs de son père, et que n'avoir pris aucune part à sa révolte allait être tenu pour un crime de lèse-majesté.

Jean Baile, resté uniquement et constamment fidèle au trône et aux intérêts des peuples qui lui avaient été confiés, devait donc être traité en ennemi, et poursuivi par Louis XI, dans ses biens, dans son honneur et jusque dans sa vie.

Un soir du mois de septembre 1461, le roi ayant été souper chez Guillaume de Corbie, conseiller au parlement de Paris, l'occasion

[1] Albert.

s'offrit de parler de Jean Baile, et il ne dissimula par son dessein de le destituer, voire même de le faire périr. Les amis de Guillaume profitèrent de cette circonstance pour lui prouver qu'il trouverait dans ce conseiller, si heureux de le recevoir, le président le plus désinterressé et le plus soumis. Louis XI, ne délibéra pas davantage ; il investit Guillaume de Corbie de la charge qu'il enlevait à Jean Baile. Mais ses vengeances ne s'arrêtèrent pas là [1].

Guillaume de Corbie se hâta d'aller prendre possession de son poste, animé de toutes les passions du roi, et « plutôt comme l'instrument de son courroux que comme le ministre de sa justice [2] ; » Vienne, où il jeta la désolation et l'épouvante ne le retint qu'un instant. Il était pressé d'arriver à Grenoble et d'y poursuivre Jean Baile, Gabriel de Roussillon, Antoine de Chabannes...

Les hommes d'armes auxquels il imposa le mandat odieux d'arrêter Jean Baile, se saisirent de lui comme d'un criminel et le conduisirent sous bonne et sure garde à la forteresse de Cornillon.

1 Chorier, *His. du Dauphiné.*
2 Chorier.

Cette forteresse, que les protestants devaient détruire, s'élevait entre Saint-Robert et le Fontanil, sur un rocher dès longtemps descendu des montagnes et dominant le cours de l'Isère. Le soleil la couvrait de ses rayons en tous temps, mais le prisonnier qu'on y enfermait n'avait plus le droit d'en jouir. Il était jeté dans un cachot froid et sombre, jusqu'à ce que l'inexorable justice vint l'en arracher.

A peine Jean Baile y gisait-il, « souffrant de grandes misères, injures et mélancolies[1], » que l'on y amena son propre fils Pierre; François Portier, avant lui président au parlement; Antoine Bolomier, trésorier général des finances du Dauphiné; Charles Adhémar, seigneur de Monteil; Charles de Grolée, seigneur de Chateauvilain; Falque de Montchenu et un grand nombre d'autres, tous également coupables de fidélité envers Charles VII.

Louis XI, voulut sans doute prolonger leurs angoisses, car ce ne fut que le 22 avril de l'année suivante qu'il envoya à Grenoble, Soffrey Allemand, seigneur de Vourey[2], son maître

[1] Procès de Jean Baile. *Archives de l'Isère, B. 2,948.*

[2] Soffrey Allemand était également seigneur de Chateauneuf de l'Albenc.

d'hôtel et Pierre de Gruel, seigneur de Saix, président de la Chambre des comptes du Dauphiné, pour informer contre eux et contre ceux qui étaient accusés du même crime et dont on n'avait pu se saisir encore. « Les dites informa- « tions, ajoutait l'ordonnance royale, seront « portées par lesdits commissaires, par devant « nos amés et féaux conseillers, les gens tenant « le parlement du Dauphiné, à Grenoble, aux- « quels nous mandons et ordonnons de vaquer « incontinent avec eux à la condamnation des- « dits malfaiteurs, toutes autres choses ces- « santes[1]. »

Il ne s'agissait donc pas de juger *ces malfaiteurs*, il s'agissait de les condamner. Soffrey Allemand, Pierre de Gruel, Jean d'Armagnac, Guilloti, Jean de Vente... allaient se montrer à la hauteur de cette mission inique.

Mais, avant d'y procéder, que de délais... François Portier et plusieurs autres dont le courage avait été admiré sur les champs de bataille, et la sagesse dans les débats de la politique, expirèrent de chagrin sous les verroux de la forteresse de Cornillon[2]. Il eut fallu à

[1] Procès de Jean Baile. *Archives de l'Isère. B. 2,948.*
[2] François Portier mourut en décembre 1462. Il fut

Jean Baile les encouragements de sa fille Jeanne pour supporter énergiquement tant d'angoisses, les recevait-il dans sa prison ? Pouvait-il converser avec les compagnons de sa douloureuse captivité ? Avait-il seulement le droit de prier dans la petite église du fort[1] ?

Le 18 juin 1462, l'information était close *contre lui et contre ses complices où fauteurs*, et le procès porté devant le parlement. Jean d'Armagnac, comte de Comminge, devenu maréchal de France et gouverneur du Dauphiné, devait en présider les débats. Il y parut au nom du roi, afin qu'aucun sentiment de pitié et de justice ne prévalut dans l'âme des juges.

Jean Baile fut amené devant cette cour dont il avait été huit ans la lumière et l'honneur pour y rendre compte de sa conduite, et en-

inhumé dans le tombeau de sa famille, au devant de la chapelle des Griffons, à la cathédrale. *Bibliothèque de Grenoble, R. 80, n° 13.*

[1] Cette petite église, sous le vocable de la Sainte Vierge, a été détruite par les protestants, en même temps que la forteresse. Lorsque Mgr. le Camus, fit, en 1673, la visite de son diocèse, un habitant de Cornillon lui en montra les masures. — *Visites de Mgr. Le Camus.* — *Arch. de l'évêché.*

tendre le procureur, Guillaume de Sabrenoys y énumérer ses fautes : Comment, il avait adhéré à l'invasion et à l'occupation du Dauphiné par le roi, lui obéissant, lui prêtant aide et secours.... ; comment il était resté président du parlement recevant du roi traitement, dons et pensions, et l'aidant à lever des impôts tant ordinaires qu'extraordinaires, contre la volonté du Dauphin... ; comment il avait fait nommer son fils Pierre procureur fiscal de tout le Dauphiné... ; comment il avait refusé d'obéir aux ordres du Dauphin absent... ; comment, enfin, il avait intenté des procès aux serviteurs du Dauphin, son souverain seigneur...

« Le bruit s'étant répandu, reprit le procu-
« reur avec audace, que les officiers du Dauphin
« arrivaient à Grenoble, Baile a fait armer la
« plupart des habitants et leur a ordonné de
« monter la garde jour et nuit, vraisemblable-
« ment pour résister ; et tant que le Dauphin
« Louis est resté en Flandre et en Brabant, ex-
« pulsé de fait de sa patrie, Baile ne lui a don-
« né aucun secours quoique sa détresse fût
« grande. Bien plus, il a fait défendre publi-
« quement aux serviteurs du Dauphin de se
« rendre auprès de lui... et c'est avec son aide

« et ses conseils que le roi s'est emparé de beau-
« coup de châteaux acquis personnellement par
« le Dauphin... »

Pour toutes ces causes, le procureur déclara Jean Baile coupable du crime de lèse-majesté et demanda au parlement que ses biens fussent confisqués et sa trahison punie.

Le 2 juin 1463, après une détention de plus de vingt-et-un mois, Jean Baile recevait la sentence de sa condamnation. Nous la trouvons inscrite à la suite du réquisitoire du procureur dans les registres de la cour des comptes :

« Par les motifs justes et raisonnables expri-
» més au procès, suivant le sens de l'ordonnan-
« ce du roi Dauphin notre Seigneur, nous con-
« damnons Jean Baile jadis président et con-
« seiller du parlement de Dauphiné à restituer
« les gages, dons et pensions par lui reçus, pen-
« dant que notre dit seigneur, le roi Dauphin,
« était absent en Flandre et en Brabant ; pour
« cause d'infidélités et d'ingratitudes par lui,
« commises contre notre dit seigneur, nous
« adjugeons audit roi, comme Dauphin, tous les
« fiefs nobles qui avaient été confiés audit Bai-
« le ; par le même arrêt, nous le bannissons du
« Dauphiné, à peine du dernier supplice ; lui

« accordant cependant un délai de dix jours
« pour s'expatrier.

« Par le seigneur gouverneur, sur le rap-
« port de la cour où étaient : Le seigneur de
« Champ, lieutenant; Pierre de Gruel, prési-
« dent ; Soffrey Allemand, chevalier, seigneur
« de Chateauneuf ; Guilloti gent. de l'Église;
« Jean de Vente, président, auditeur des comp-
« tes et juge mage des appellations ; Pradel-
« li[1].... »

[1] Procès de Jean Baile. *Archives de l'Isère. B. 2,948.* Nous devons l'intelligence de ces documents à M. Auvergne, chanoine de la cathédrale d'Angers.

—

V

L'EXIL

1463-1467

Entre les cruelles angoisses subies dans la forteresse de Cornillon et les lentes douleurs de l'exil, dix jours étaient laissés à Jean Baile. Mais l'humiliant jugement que le parlement venait de rendre contre lui, l'avait trop douloureusement frappé, pour qu'il pût goûter quelques joies, en revenant à son foyer et en rejoignant ses enfants. — Tous du reste étaient condamnés en lui et avec lui.

Pierre, dépouillé de sa charge de procureur fiscal, allait être banni du royaume.

Jean avait été contraint de quitter sa ville épiscopale, où ses chanoines, à l'instigation du roi, s'étaient révoltés contre lui et réclamaient des sommes qu'il ne pouvait pas payer[1]. Il se préparait à aller à Rome, demander au pape Sixte IV, la justice et la paix dont il ne jouissait plus en France.

Quant à Antoine et à François, ils se trouvaient atteints, comme leurs sœurs, par l'arrêt de confiscation lancé sur les biens de leur père.

Non-seulement sa pension de premier président avait été supprimée[2], mais son fief de Pellafol[3], les redevances et droits qui en dépendaient, venaient d'être adjugés par le roi à Aymard de Poisieu; tandis que Pierre de Gruel recevait les possessions seigneuriales, situées dans les mandements de Freizinière, de la Roche, de S. Julien et de S. Didier-en-Dévoluy.

[1] « Le prélat a toujours donné des marques d'une grande prudence, surtout dans les différends qu'il eut avec son chapitre. On n'a jamais rien pu lui reprocher qui fut opposé à la vertu, à la science et à sa dignité. »
Albert, Hist. ecclés. du diocèse d'Embrun.

[2] Jean Baile avait été accusé d'avoir reçu des dons et pensions du roi Charles VII, et condamné à les restituer. Les procédures faites au nom de Charles VIII, en 1483, prouveront qu'il n'avait rien reçu.

[3] Le 22 novembre 1426, le conseil Delphinal, ayant déclaré Guillaume de Montorsier, seigneur de Pellafol, coupable de plusieurs crimes, son château avait dû être rasé et la terre adjugée au domaine Delphinal.

Jean Baile dut partir pour la Suisse, laissant ses enfants en face des privations les plus pénibles. Mais, debout sur ce calvaire, Jeanne encourageait et fortifiait ceux de ses frères ou sœurs qui eussent pu faiblir. Sa foi, imprimait à toutes ses paroles comme à toutes ses actions une force et une douceur extraordinaires ; sa confiance en Dieu était à l'épreuve des plus douloureuses afflictions. Dès longtemps le besoin de tout quitter pour lui avait détaché son cœur des richesses et des honneurs de la terre; si elle souffrait de voir ceux qu'elle aimait réduits à la pauvreté, elle jouissait d'en ressentir elle-même les amertumes et les exigences. L'insultant bonheur d'Aymard de Poisieu et de Pierre de Gruel pouvait l'attrister, mais elle ne tardait pas à bénir le Seigneur d'avoir donné à sa famille, des ennemis, à qui elle pût pardonner en union à son pardon divin.

Sa générosité, sa paix dans la douleur obligèrent sans doute le ciel à abréger son épreuve, car tandis que le parlement intentait un procès

En 1437, le fief de Pellafol appartenait à noble Jean de Rame.

Le 4 mars 1440, noble Jean Baile en avait hérité de noble Eymard de Rame.

à la mémoire de Guillaume de Poitiers, tué devant Gênes au service de la France, que Jean Portier était condamné comme son frère, qu'Antoine Bolomier, Falque de Montchenu et un grand nombre d'autres erraient en proscrits sur la terre étrangère; Jean Baile à la suite d'une requête, recevait des lettres de grâce[1], et pouvait, sinon rentrer dans ses biens, du moins revenir dans sa patrie et revoir ses enfants.

Jeanne s'était-elle adressée directement au roi ? Lui avait-elle demandé le retour de son père? Nous l'ignorons, mais nous osons l'affirmer, la haine de Louis XI contre le premier président et ses fils n'était pas éteinte, en 1467, pas plus que l'impression profonde que lui avait inspirée jadis l'héroïque vertu de Jeanne.

Une lettre de ce prince à l'archevêque de Tours, Elie de Bourdeilles, au sujet de Jean Baile et de son fils, l'archevêque d'Embrun, nous donne la vraie mesure de ces sentiments divers[1].

« .... L'archevesque d'Embrun, écrit Louis XI, est fils de messire Jéhan Belle, que je feis mon avocat et puis mon président, et me fi-

[1] Ces lettres de grâce sont du 2 décembre 1467.
[1] Cette lettre est du mois d'août 1482.

ais en luy : Quand je fus banny, se déclaira contre tous mes loyaulx serviteurs et fut persécuteur extrême contre eux...

« M. le cardinal de Touteville lui feist avoir l'esvechié d'Ambrun à son filz, moyennant douze ou quatorze mille ducats, qu'il donna audit cardinal. Oncques depuis je ne me fiai audit cardinal, et dures encore la deffiance. Et faist entendre au pape qu'il avait passé vingt-deux ans, dont il n'estait rien. Par quoy voyant qu'il estait filz d'un traistre et qu'il n'avait nul droit à l'archeveschié, (car il avait donné faulx à entendre), je essayé tout ce que je peu que le pape le translatast ailleurs[1] : ce qu'il eut fait bien facilement pour les raisons dessus dites, se n'eust esté mondit sieur le cardinal auquel il grevait de rendre cet argent qu'il avait eu, et tenait la main au contraire. Après... il fait des sedicions au pays, ce qu'il peut[2] ; et pour tout cela je l'avoye laissié en paix. Mais quand le duc

[1] Le roi lui fit même donner un compétiteur dans la personne de Jacques de Caulers.

[2] Jean Baile, archevêque d'Embrun, ne fomenta aucune *sedicion* dans son diocèse, mais tâcha de convertir et de disperser les Vaudois, qui s'étaient réfugiés dans la Vallouise. — *Albert, Histoire ecclésiastique du diocèse d'Embrun.*

de Bourgoigne alla en Savoye, il mit la main de voye et de faict sur moult de mes officiers, et tous ceux qui estaient bons parcias pour moy, il les excommuniait ; les autres, il les diffamait, prenait mon argent de la taille et raenconnait ceux qui la payaient. Raençonna moult de particuliers, et brief a raençonné tout le pays.

« Vray est, qu'il a une sœur, qui vit très bien et saintement ; mais en toute sa lignée n'en y a nul autre !... »

VI

FONDATION DU MONASTÈRE DE L'AVE MARIA

1469.

Aussi longtemps que Jean Baile vécut en Suisse, exilé, Jeanne resta auprès de ses frères et sœurs, adonnée en même temps aux devoirs les plus sublimes et les plus ordinaires; mais au commencement de l'année 1468, lorsque son père fut de retour, elle ne songea plus qu'à accomplir le vœu qu'elle avait contracté dès l'enfance.

Tous les jours elle allait prier à l'église de Saint-André, et le Seigneur, dans les douceurs d'un épanchement sacré, lui rappelait sa promesse. Elle était prête à la remplir; bien plus, elle en était pressée, mais où aller ? et comment satisfaire les désirs de son cœur, qui pour posséder Dieu entièrement voulait se donner à lui sans réserve ?

Yolande de France, sœur de Louis XI, épouse d'Amédée IX, duc de Savoie, que ses contemporains ont surnommé *le Bienheureux* [1], venait de jeter à Chambéry les fondations d'un monastère de Clarisses réformées [2] : Déjà l'on savait en Dauphiné de quelles vertus étaient douées les femmes qui embrassaient cette réforme, quels sacrifices elles offraient au Seigneur, et comment leurs prières ferventes et continuelles, devenaient par un privilège du Divin amour, une force puissante, capable de triompher de tous les obstacles terrestres, même de la volonté, de la colère, de la justice Infinie.

Jeanne Baile ne l'ignorait pas, elle se souvenait également de la promesse que lui avait faite Louis XI, encore dauphin ; mais, devait-elle avoir recours à lui, et pouvait-elle, à la suite de la douloureuse incarcération de son père, de l'inique jugement qui l'avait condamné, de son exil en Suisse, des persécutions que ses

[1] Le pape Innocent XI ratifia cet hommage.

[2] Le monastère des Clarisses de Chambéry était construit, en 1470.

frères subissaient encore, rappeler sa promesse au roi de France ?

Mieux valait s'adresser au Seigneur. Redoublant donc de ferveur et de piété, elle pressait son unique Maître d'ouvrir à Grenoble un foyer de prières et de dévouement semblable à ceux de Vevay et de Poligny. Elle le lui demandait au nom des âmes pécheresses qui devaient trouver la paix dans les aumônes fraternelles de ces religieuses dénuées de tout ; elle le lui demandait au nom des âmes pures, sœurs de la sienne, et qui, comme elle ne pouvaient pas aller chercher au loin l'autel de leur immolation . . . Mais le Seigneur paraissait indifférent à ses instances, et tout ce que Jeanne savait de l'histoire de Grenoble aurait dû la décourager.

En effet, Humbert II avait tenté, cent ans auparavant [1], la fondation d'un monastère de clarisses ; et ce prince, pieux et chevaleresque, qu'on avait vu tour à tour à la tête des croisés et évangélisant les peuples sous la robe de saint Dominique, ne s'était pas arrêté à un premier échec. De Saint-Lattier, il avait transféré le monastère à Izeron ; il lui avait donné des ter-

[1] En 1342.

res et des rentes qui eussent suffi à l'entretien de cinquante religieuses ; la dauphine Marie s'était empressée de souscrire l'acte de cette fondation ; le pape Clément VI l'avait approuvée. . . Rien ne paraissait manquer à la vie légale de cette communauté ; et cependant d'Izeron, il avait fallu la transférer à Moirans et de Moirans à Grenoble [1]... Noble François de Theys avait vendu une maison proche de l'église Saint-Jean, pour recevoir les religieuses ; de là elles avaient été se fixer près du couvent des Frères-mineurs, *via monialium*, où quelques années après, elles expiraient toutes de la peste [2].

Le résultat malheureux des efforts d'Humbert était de nature à renverser les meilleures espérances, et cependant la vertueuse fille de Jean Baile ne se décourageait pas. Chaque jour elle revenait à son seigneur, le priant, le suppliant de l'exaucer. Ce qu'Humbert II n'avait pu édifier, ce que Louis XI n'avait pas tenté, le roi du ciel le pouvait faire, et le roi du ciel devait le vouloir, car sans cela, pourquoi au-

[1] Le président de Valbonnais. *Preuves de l'Histoire du Dauphiné sous Humbert II.*

[2] Guy Allard. — *Description historique de la ville de Grenoble.*

rait-il laissé dans son cœur, qui lui était si dévoué et si soumis, un désir si fort et si persévérant ?

Un matin qu'elle s'était agenouillée devant l'image de sainte Catherine, appendue dans l'église de Saint-André, appelant à son secours cette vierge martyre [1], afin qu'elle l'aidât à consacrer sa vie ; elle sentit tout à coup par une révélation céleste, que sa prière était exaucée.

Jean d'Armagnac [2] comte de Comminge et gouverneur du Dauphiné entrait dans l'église avec les officiers de sa suite. Poussée par l'Esprit-Saint qui la guidait, Jeanne alla droit à lui et tombant à ses genoux, elle le pria d'ériger dans la ville de Grenoble, un monastère de clarisses qui pût répondre aux besoins des âmes et devenir pour lui un motif d'espérance et de consolation.

Jean d'Armagnac, ému des sentiments qu'on lui prêtait et plus encore de la grâce de cette jeune fille que ses annalistes nous disent si belle,

[1] Guy-Basset, *Notables arrêts de la cour du parlement.*

[2] « Jean d'Armagnac était fils de Bernard d'Armagnac comte de la Marche, qui avait accordé sa protection à tous les monastères que la bienheureuse Colette avait établis ou réformés. » Le P. Fahy. — *Histoire des religieuses de la province de S. Bonaventure.*

loua fort son dessein, lui promit sa protection et ajouta qu'il voulait poser et payer lui-même la pierre fondamentale de son monastère.

A peine revenu en son hôtel, il fit appeler les consuls. Dix mille livres étaient nécessaires pour l'achat des matériaux, il les leur donna ; un monastère de clarisses réformées ne pouvait être construit sans la permission du pape, il en écrivit à Louis XI, qui se hâta d'obtenir de Paul II cette autorisation.

Le 1er juillet 1469, la bulle pontificale était expédiée. Mais déjà l'évêque de Grenoble, Jean d'Armagnac et les consuls s'étaient réunis pour décider quel emplacement on donnerait au nouveau monastère.

La tradition rapporte, qu'inquiets et hésitants, l'évêque et le gouverneur parcouraient la ville, ne s'arrêtant à rien ; lorsqu'une colombe prenant son vol dans la direction de la rue Pertuisière, fit devant eux le tour des jardins, des halliers et des granges qui joignaient les remparts et la rue Bournolenc[1]. Le peuple suivait

[1] « Ce fut entre la rue Pertuisière au midi, la rue Bournolenc au couchant, une rue qui était entre la maison de M. le président de Bailly au septentrion et les murs de la ville à l'Orient, que M. d'Armagnac acheta des jar-

en foule, il appela l'attention de l'évêque et du gouverneur sur cette colombe qui lui paraissait apporter une décision céleste. L'évêque éleva une croix sur cet emplacement, et le gouverneur, sans tarder davantage, fit prévenir les propriétaires des terrains désignés qu'ils eussent à les lui vendre [1].

Mais les œuvres divines ont toutes sur la terre le sceau mystérieux du Sauveur. A peine les fondations du nouveau monastère étaient-elles creusées, que Jean d'Armagnac fut appelé aux États Généraux de Tours et contraint de quitter Grenoble. Il ne devait pas y revenir. La mort le surprit avant qu'il eût offert à Louis XI autre chose que l'hommage de son dévouement.

dins, granges et bâtiments où il plaça le monastère de Sainte Claire.

Avertissement pour le sieur syndic du monastère des dames abbesse et religieuses de Sainte-Claire de Grenoble, défendeur, etc... contre sieur Charles Cheminade.

Au XVIIIe siècle, le P. Bonaventure Fahy pouvait écrire : « L'emplacement de ce monastère est toujours le même, si l'on en excepte quelques toises de terrain que, vers l'an 1547, il a pris en appensionnement du côté du midi, sur les courtines et vieux fossés ; et dont il paye annuellement cens à messieurs de la ville, sur le pied de trois livres par an ».

[1] Note n° II.

Les consuls de Grenoble n'ayant plus au-dessus d'eux le contrôle de ce pouvoir qui contrecarrait leurs vues, affectèrent les dix mille livres du gouverneur à des nécessités pressantes, et l'année 1473 ne s'était pas écoulée, que Jeanne Baile se retrouvait seule, sans secours et sans protection, avec un désir au cœur, ardent comme une flamme, qu'elle ne pouvait pas réaliliser[1].

[1] L'auteur anonyme d'un manuscrit de la bibliothèque de Grenoble, intitulé : *Recueil historique et chronologique .... de ce qui s'est passé depuis la fondation du royal monastère de Montfleury*, rapporte, qu'en 1470, le révérendissime Père Marcial Auribelly, général des Dominicains, étant à Grenoble, voulut faire recevoir au royal monastère, comme dame religieuse, la fille du sieur Jean Baiulj, docteur ès-droits; mais l'abbesse, Mme Aymard de Beauvoir et ses religieuses, la refusèrent parce qu'elle ne possédait pas les quartiers de noblesse voulus par le Dauphin, Humbert II.

Est-ce de Jeanne Baile ou de l'une de ses sœurs qu'il est ici question? Nous nous le sommes demandé, car l'auteur du manuscrit n'ajoute aucun détail à ce sujet. Mais la bulle du pape Paul II ayant été obtenue le 1er juillet 1469, et la mort de Jean d'Armagnac étant arrivée en 1473, nous ne supposons pas que le R. P. Marcial Auribelly ait présenté Jeanne Baile : — En l'année 1470, elle devait être tout entière à ses espérances.

VII

JEANNE BAILE AU MONASTÈRE DE CHAMBÉRY

1473-1478.

Le 17 août 1473, Jean Baile expirait, laissant à sa famille et à sa patrie l'exemple de grandes vertus, longtemps aux prises avec l'infortune[1].

Jeanne, qu'aucun lien ne retenait plus à Grenoble, quitta cette ville pour laquelle elle avait tant prié, dans les murs de laquelle elle avait tant souffert, et se rendit à Chambéry, où de-

[1] Il fut inhumé dans le tombeau de la famille de Marolles, à l'église Saint-André.

Un service anniversaire devait être célébré dans cette église : On lit dans l'obituaire de Saint-André :

Hodie fit anniversarium spectabilis ac egregii domini Johannis Baïuli, quondam presidentis delphinatus, qui obiit anno millesimo quatercentesimo septuagesimo tertio, quod anniversarium est situatum super tribus domibus Baiulorum, sitis prope ecclesiam et quod anniversarium celebratur cum missa solemni, in altari beati Jacobi.

puis plus de deux ans s'était ouvert, grâce aux efforts persistants de la duchesse Yolande, un monastère de clarisses réformées[1].

Sœur Jeanne de Durué en était abbesse ; elle avait pour vicaire, sœur Marie Chevalier, que sainte Colette avait formée, et qui, en la suivant de Besançon à Moulins et du Puy à Vevay, était devenue un des principaux témoins de ses actes et l'une des plus fidèles imitatrices de ses vertus. Toutes deux accueillirent avec un maternel amour, la jeune fille qui leur arrivait de Grenoble, accablée de fatigues, abreuvée de chagrins, brisée par les déceptions et n'apportant en dot que son néant.

« Impossible à moy de coucher icy par escrit la sainteté de vie que ces vertueuses mères faisaient dans ce monastère », a dit le P. Fodéré; mais le pieux auteur après s'être récusé, jugeant son pinceau incapable d'avoir à esquisser d'aussi ravissants portraits, revient à la charge et nous révèle ce qu'étaient ces âmes, vivant sur la terre et au-dessus de la terre, à la

[1] Les Urbanistes soutenues par les religieux Conventuels avaient entravé cette fondation. Il fallut deux bulles des papes Nicolas V et Paul II, pour venir à bout des obstacles que ces communautés créaient.

fois enchaînées et libres, unies à Dieu par un amour ardent comme leur cœur et dévouées au prochain jusqu'à l'immolation d'elles-mêmes; remplissant leurs veilles de psalmodies célestes et passant leurs journées dans une succession non interrompue de sacrifices, de prières et d'actions de grâces.

Le monde qu'elles avaient fui, subissait sans s'en rendre compte, le prestige de leurs exemples et l'ascendant de leurs conseils. La duchesse de Savoie venait au monastère avec ses filles [1], lorsque ses devoirs lui laissaient quelques loisirs. Sœur Marie Chevalier, lui était particulièrement chère. Mais à la suite de cette princesse le monde n'entrait pas. Yolande eût plutôt transporté dans le monde les coutumes et les enseignements monastiques. Amédée le bienheureux, n'avait été préoccupé pendant sa vie, que de porter chrétiennement la couronne terrestre, afin d'arriver à recevoir un jour la couronne immortelle, Sa pieuse épouse ne lui cédait en rien, et Fodéré nous montre le

[1] Les princesses Louise et Marie. Louise, après quelques années passées dans les liens du mariage, se fit religieuse, au couvent de Sainte-Claire d'Orbe, où elle est morte en odeur de sainteté. Son culte a été reconnu par l'Église, le 3 août 1839.

château ducal entourés des pauvres qu'ils nourrissaient. Ils y venaient en si grand nombre, que les princes et les seigneurs du conseil finirent par avouer, qu'il serait plus expédient de fortifier la ville : — « Mais c'est pour remparer le pays que je fais cette dépense, leur répondit le charitable duc, les pauvres de Jésus-Christ sont la plus forte garde que je puisse donner à mes Estats. »

Le monastère des clarisses n'avait pas eu d'autre but que de *remparer le pays*. Yolande après y avoir introduit ces humbles religieuses, avait dit aux consuls qui l'accompagnaient : — « Je vous ai amené ces dévotes sœurs et plus grand trésor ne vous saurais-je donner. Ce sera tout le bonheur de votre ville. Elles veilleront et vous serviront de sentinelles devant Dieu pendant que vous dormirez; leurs prières continuelles vous protégeront dans vos négoces. . . . C'est je vous le répète, le gage le plus précieux que je puisse offrir à votre ville [1]. . . »

Elle ne se méprenait pas : Si nos pères les Gaulois des vieux âges, ne demandaient que des lances pour soutenir le ciel, aux nations de

[1] Fodéré.

cette époque, comme aux peuples sans convictions, sans principes, sans mœurs de nos tristes temps, il faut des saints pour soutenir le ciel.

Deux religieuses du monastère de Chambéry attirent entre toutes l'attention du P. Fodéré, à l'heure où Jeanne Baile y pénètre comme postulante : Nous les avons nommées déjà ; puissions-nous en nous arrêtant un instant auprès de ces vénérables clarisses, contempler de loin celle, qui, en écoutant leurs instructions, apprenait à se sanctifier par la pénitence, à se dompter par l'humilité, à régner sur elle-même par la patience, à s'élever vers Dieu par l'amour.

Jeanne de Durué, première abbesse du monastère de Chambéry, ne vivait que de pain et d'eau. Elle suivait la communauté au réfectoire, mais si elle s'apercevait que ses filles voulussent surprendre le secret de son jeûne, elle jetait des cendres sur son potage et rompait, en le prenant, l'impression trop heureuse, qu'autour d'elle, on aurait pu concevoir de ses sacrifices. Chaque jour et chaque nuit, après complies et après matines, elle restait à la chapelle, et souvent on l'y retrouvait en extases ; si on l'arrachait aux élans de sa foi et de son amour, on pouvait parfois saisir les mystérieux bonheurs de sa contemplation, les consolations, les tendresses dont le Seigneur comblait son âme.

La vie de cette bienheureuse sœur s'était écoulée toute entière à désirer la mort ; aussi, en sa dernière maladie, n'était-elle préoccupée que des joies éternelles. Elle en goûtait par avance les ineffables délices. Deux fois, elle demeura ravie hors d'elle-même, les mains jointes et les yeux fixés sur ce ciel fermé encore. Quand elle revint à ses filles, après sa seconde extase, ce ne fut que pour les entretenir des joies de la mort : « — Mes sœurs, leur disait-elle, loué et béni soit Dieu, voicy l'heure qu'il faut aller en terre !... Louée et bénie soit la mère de notre cher époux et rédempteur.... Il est temps de mourir de la mort naturelle, puisque nous sommes mortes au monde [1] ! »

Sœur Marie Chevalier, qui lui succéda, avait appris bien jeune à quelles fonctions elle était destinée. Un jour, étant au monastère de Vevay, avec sainte Colette, Amédée le bienheureux y vint, et demanda à la Sainte, pourquoi elle avait refusé d'établir des religieuses dans sa capitale ? La Sainte lui montra sœur Marie Che-

[1] Fodéré.

valier et se borna à répondre : — « Voici la future abbesse de Chambéry ! » comme si elle eût voulu faire entendre au prince, que les esprits de ses sujets seraient amenés à cette fondation, lorsque la jeune religieuse pourrait être apte à l'entreprendre.

Avec la règle première du couvent de Saint-Damien, sœur Marie Chevalier apporta à Chambéry, les souvenirs et les traditions de la sainte réformatrice. Il n'était conseil qu'elle ne donnât d'après sa mère ; vertus qu'elle ne s'appliquât à pratiquer et à faire pratiquer comme sa mère les avait enseignées et pratiquées : « elle la talonnait au plus près qu'elle pouvait ! » a écrit le R. P. Fodéré.

Bientôt la vénération qu'elle inspirait devint générale. Les religieuses qui composaient la communauté rendaient hommage à sa foi, à sa charité, aux délicatesses de son âme, à sa pénétration des mystères cachés, comme l'étranger qui l'avait entendue un instant ; Yolande et sa cour l'admiraient, comme le roi de France, comme le pape [1].

[1] Sœur Marie Chevalier ayant converti un grand pécheur, qui était peintre, l'engagea à tracer l'image de Notre-Seigneur crucifié, tel qu'il lui apparaissait dans

Jeanne Baile, conduite par de dures épreuves à cette école de la perfection, y fit en peu de temps de merveilleux progrès ; et l'heure sonna enfin, où préparée au sacrifice, elle put consacrer irrévocablement au Seigneur son noble cœur et cette énergie virginale dont rien n'avait en elle terni la pureté ni amolli la trempe.

ses extases. « Ce crucifix miraculeux est conservé dans la chapelle des clarisses de Chambéry, écrivait le P. Fahy, en 1744. On le porte aux processions lorsqu'il s'agit d'obtenir un temps favorable. »

VIII.

RETOUR DE JEANNE BAILE A GRENOBLE

1478.

Après avoir contracté avec le Seigneur une alliance éternelle, et s'être engagée à triompher jusqu'à la fin, de son corps par la continence, de son âme par l'obéissance, du monde par la pauvreté la plus absolue, des versatilités de son esprit par la clôture perpétuelle ; Jeanne sentit renaître, plus ardent et plus vif, le désir d'ériger dans la capitale du Dauphiné, un monastère de son Ordre. Elle s'en ouvrit au R. P. Guillaume Boyvin, Visiteur des Clarisses. Ce religieux, dont les annales franciscaines ont gardé le souvenir, consentit à se faire le porteur des sollicitations et des instances de l'humble religieuse.

Il fut bien accueilli par les consuls. D'avocat de cette chère cause, il devint alors l'architecte du monastère ; dressa les plans, les présenta au gouverneur, eut la joie de les voir agréés et pressa les ouvriers de telle sorte, qu'au mois de mai 1478, l'œuvre entreprise par Jean d'Armagnac était achevée.

Il ne manquait plus à ce tabernacle du Divin amour que des adoratrices. Le R. P. Visiteur sut y pourvoir. Il fit venir du monastère du Puy, les sœurs Luce Bochier et Marguerite de Pierreficte ; du monastère de Moulins, sœur Jeanne de Bresse, sœur Marguerite de Tolon, sœur Louise Saurie, sœur Madeleine Carre ; du monastère d'Aigueperse, sœur Jacquette Bouchard, sœur Marguerite Augeat, sœur Jeanne de Ludesse, sœur Denise Prévot ; et les réunit à celles du monastère de Chambéry qu'il destinait également à cette fondation : sœur Claire de Saint-Pierre, sœur Catherine de Souliers, sœur Claude de Segerin et sœur Jeanne Baile.

Le 13 septembre 1478, ces religieuses, assemblées dans la chapelle du monastère de Chambéry, pouvaient entonner le MAGNIFICAT, car le Seigneur avait fait en elles et allait faire par elles de grandes choses. Le 15, était un dimanche; lorsqu'elles se furent confessées et eurent reçu leur Dieu dans la sainte communion, le R. P. Boyvin procéda à l'élection des officières : Sœur Jeanne Baile fut choisie pour abbesse ; sœur Jeanne de Ludesse pour vicaire ; sœur Marguerite de Tolon pour maîtresse des novices. La charge de portière fut confiée à sœur Luce Bochier et à sœur Denise Prevot.

La communauté de Grenoble était composée; il s'agissait de la mettre en possession de son monastère. Le R. P. Boyvin fixa le départ au lendemain, comme pour rompre en son cours le sentiment douloureux de quelques-unes des sœurs qu'il allait arracher à leur famille et à leur patrie.

Le 16 septembre, au matin, Jeanne Baile et ses treize compagnes franchissaient, une croix dans leurs mains la porte du monastère. Les principaux habitants de la ville étaient là, non-seulement pour leur dire adieu, mais pour les accompagner. Ce témoignage de respectueuse sympathie n'arrêta pas leur pieux élan ; elles traversèrent la foule, calmes et fortes, et prirent le chemin de Grenoble, en réunissant dans une même prière, ceux qu'elles quittaient et ne devaient plus revoir, et ceux qu'elles allaient trouver au but du voyage, dans cette ville où elles étaient appelées à continuer leur immolation.

Si les principaux habitants de Chambéry tinrent à honneur de suivre ces saintes religieuses, « bien avant dans le Dauphiné, » a écrit l'annaliste [1]; le gouverneur de Grenoble, les membres du clergé et du parlement, la noblesse et les consuls tinrent également à aller au devant d'elles, suivis d'une foule nombreuse: plusieurs, sans doute, avaient des reproches à se faire, mais ils sentaient bien, que ce ne serait pas l'illustre fille du premier président qui essayerait d'assombrir leur joie, en leur rappelant le passé.

Elle arriva le 17, jour où l'Église fêtait les stigmates de son glorieux Père [2]. La croix réglait sa marche, ses filles venaient après elle.

A la vue de ces bienheureuses victimes, couvertes de leurs voiles comme de suaires et marchant les pieds nuds sur la poussière du sol, la foule fut saisie d'une impression solennelle et touchante, où le respect et l'amour,

[1] Fodéré, *Narration historique*.
[2] Idem.

l'admiration et l'étonnement, la joie et les larmes venaient s'unir.

Mais, comme au départ, les honneurs du peuple et le chant du Te Deum qu'entonnaient les prêtres ne devaient pas ralentir la marche des humbles clarisses. Pressées de retrouver leur solitude, « cette patrie des forts [1], » elles semblaient hâter le pas.

Mgr. de Grenoble, Laurent Allemand, les attendait à la porte du monastère. Il les en mit en possession, et le lendemain consacra leur église. Un patron manquait encore à ce doux asile, l'évêque s'adressa à Jeanne Baile : elle seule devait choisir le protecteur céleste de sa communauté.

Jeanne Baile désigna saint Jean-Baptiste et saint Jean l'Évangéliste [2]. Le sire d'Armagnac ne s'appelait-il pas Jean, et en ce jour où le Seigneur avait exaucé son vœu le plus cher, la pieuse abbesse pouvait-elle l'oublier ?

Mais, elle voulut également donner comme protectrice à son foyer religieux, cette sainte Catherine, devant l'image de laquelle, elle

[1] Le R. P. de Ravignan.

[2] M. Pilot. *Notice sur l'ancien monastère de Sainte-Claire.*

aimait prier au jour de sa jeunesse, et qui lui avait révélé que son Sauveur l'exaucerait. Elle s'en ouvrit à l'évêque : Mgr. Laurent Allemand envoya prendre cette image dans l'église de Saint André et la fit placer dans l'oratoire de l'abbesse.

Le nouveau monastère ne reçut cependant ni le nom de l'apôtre bien-aimé, ni celui de la vierge martyre ; Jeanne Baile était trop la fille et l'imitatrice de sainte Colette pour ne pas suivre son exemple. Or, sainte Colette appelait du doux nom d'Ave Maria tous ses monastères réformés : c'était en même temps les saluer et les bénir. Le monastère de Grenoble ne devait pas faire exception. Pendant plus de trois siècles les anges et les hommes l'ont nommé ainsi..... Puisse-t-il porter ce nom jusqu'à la fin des temps !...

IX

RÉVISION DU PROCÈS DU PREMIER PRÉSIDENT

1478-1484.

En rentrant à Grenoble, la pieuse abbesse y retrouva ses frères, Pierre, Antoine et François, supportant avec une douloureuse impatience l'opprobre dont les couvrait la condamnation de leur père.

En vain, des lettres de grâce l'avaient-elles rappelé de l'exil et était-il mort à Grenoble entouré de l'estime et de l'affection de ses concitoyens, ces témoignages de son innocence ne leur suffisaient pas. Ils souffraient qu'aucun démenti juridique n'eût été donné aux accusations fausses portées contre lui. L'arrêt du parlement pesait encore sur sa mémoire, par conséquent sur leur honneur, comme une tache indélébile.

Que pouvait l'humble clarisse pour calmer leur peine, sinon l'offrir à son Seigneur. A lui seul il appartenait de réhabiliter ce juste qu'il avait éprouvé dans sa miséricorde.

Le 30 août 1483, l'heure de cette réhabilitation sonna soudain. Dieu venait d'appeler à son tribunal, le monarque haineux, superstitieux, cruel, qui s'était montré pendant son règne, si inique dans ses jugements.

Cette nouvelle fut pour la France entière comme un signal de délivrance. Mais Louis XI avait imprimé une telle fermeté à son pouvoir, que même après sa mort aucune réaction violente ne s'opéra ; les provinces qu'il avait annexées à la couronne, la Bourgogne, l'Anjou, le Maine, la Provence (peu de rois ont agrandi la France comme lui,) ne tentèrent aucun soulèvement.

En Dauphiné, les trois ordres se réunirent pour demander que justice fût rendue aux victimes du despotisme royal; Pierre, Antoine et François Baile joignirent leur requête aux instances des États : mais rien ne vint troubler la tranquillité publique, et les consuls purent assister au service solennel offert dans l'église saint-André pour le repos de l'âme du prince défunt, sans que des symptômes malveillants se manifestassent dans la foule [1].

Il est vrai que Charles VIII se préparait à réparer les fautes de son père.

Le 8 mars 1484, le jeune prince après avoir pris l'avis de plusieurs seigneurs de son sang, des membres de son conseil et des députés des trois États de la province du Dauphiné, ordonna au comte de Dunois, gouverneur de Grenoble, au président et aux conseillers du parlement de réviser, non-seulement le procès de Jean Baile, mais tous ceux qui avaient été faits naguère par ordre du roi son père, ajoutant « que raison et justice devaient être rendus à tous et à chacun [2] ».

Revenant sur les tristesses de cette époque troublée et comme pour expliquer sa conduite, le roi écrivait : [3] « Dès l'année 1456, le prince « Louys notre père étant Dauphin, quitta le

[1] Ce service fut célébré le 8 octobre 1483.

Le R. P. François Reibat prononça l'oraison funèbre de Louis XI. Ce religieux était dominicain et jouissait d'une grande réputation.

[2] Lettre de Charles VIII. Réponse à la requête des fils de Jean Baile. *Archives de l'Isère. B. 2948.*

[3] Lettre de Charles VIII. *Archives de l'Isère. B. 2948.*

« Dauphiné et se transporta au pays de Flandre
« et de Brabant; ce que voyant Charles VII,
« notre aïeul, craignant pour la sûreté du pays,
« s'en fust en la cité de Vienne où il réunit les
« Estats... Durant ce temps-là, le duc Philippe
« de Bourgogne envoya des ambassadeurs à
« Lyon, avec des lettres et des ordonnances du
« Dauphin pour faire savoir aux Estats de n'op-
« poser aucune résistance au roi. C'est pourquoi
« les Estats obéirent à Charles VII qui garda
« ledit pays sous son obéissance jusqu'à sa
« mort. Mais cette obéissance tourna ensuite au
« grand déplaisir de nostre dit feu seigneur et
« père, tellement que luy venu à la couronne, il
« fit emprisonner grand nombre de ses subjects,
« tant nobles que membres du parlement, aux-
« quels furent imputés plusieurs crimes de
« lèse-majesté, infidélité et ingratitude.... Pro-
« cès fut faict en ladite cour du parlement, et
« furent lesdits accusés si cruellement détenus
« que quelques-uns moururent en prison, d'aul-
« tres furent déclarés après leur mort coupables
« de félonie; d'aultres encore bannys et leurs
« biens confisqués et donnés à diverses person-
« nes... C'est pourquoi, nous mandons et ordon-
« nons de réviser tous ces procès ...»

Afin que cette révision se fît selon les lois de *la raison* et de *la justice*, le prince rejeta comme suspects tous les magistrats, ayant pris part aux jugements précédemment rendus, et nomma à leur place : Louis de Blosset, protonotaire du Saint-Siège Apostolique, Me Gratien Faure, président du parlement de Toulouse, Etienne Pascal, Pierre Odin et Pierre de Courthardi.

« S'il vous appert, » écrivit-il le même jour au comte de Dunois et aux membres du parlement, répondant ainsi à la requête de Pierre, d'Antoine et de François Baile, « s'il vous ap- « pert, que la sentence prononcée contre feu » notre président Jean Baile, n'ait été proférée « pour aultre cause, que pour avoir obéi à no- « tre dit aïeul, faictes-le absoudre des crimes « qui lui ont été imputés comme s'il estait vi- « vant, et faictes rendre et restituer à ses fils le « château de Pellafol et aultres biens féodaux, « détenus et occupés par les héritiers de Pierre « de Gruel et d'Aymard de Poisieu, avec leurs « fruits et revenus, depuis le mois de juin 1463 [1]... »

Le comte de Dunois, gouverneur du Dauphiné, était prêt à exécuter l'ordonnance royale.

[1] Lettre de Charles VIII. *Archives de l'Isère. B. 2948.*

Des citations furent donc faites aux héritiers de Pierre de Gruel et d'Aymard de Poisieu ; et le 28 juin 1484, les fils de Jean Baile comparaissaient devant le parlement ainsi que les procureurs des ennemis de leur père.

Lorsque Jean des Arthauds, notaire de feu Pierre de Gruel, Jean, chapelain de Marguerite de Montorsier, veuve d'Aymard de Poisieu, et Etienne de Beaupont, procureur fiscal, eurent affirmé que Jean Baile avait été bien et dûment condamné ; le gouverneur du Dauphiné, invoqua le nom du Christ, fit le signe de la croix et déclara la sentence portée contre Jean Baile, injuste ; ajoutant que s'il était vivant, il devrait être absous des crimes qui lui avaient été imputés, que ces crimes ne pouvaient être prouvés... que puisqu'il était mort, la cour le rétablissait, en tant que de besoins, dans sa bonne renommée !...

La restitution du fief de Pellafol et des autres possessions et redevances seigneuriales, données en 1463, à Pierre de Gruel et à Aymard de Poisieu, suivit de près la sentence du parlement.

Jeanne dut apprendre bien vite quel hommage avait été rendu à la mémoire de son père ;

mais, élevant son cœur plus haut que la terre, vers ces régions mystérieuses que l'injustice des hommes et la miséricorde de Dieu avaient ouvertes au premier président, ne put-elle pas s'écrier avec vérité : « Bienheureux est celui qui a souffert persécution pour la justice ! »

X

LA VIE ET LA MORT AU MONASTÈRE DE L'AVE MARIA

1478-1486.

« Si Jeanne Baile a été la première promotrice, voire fondatrice des bâtiments de ce monastère, écrit Fodéré, elle l'a encore mieux été des spirituels et religieux... »

En effet, c'était de loin et seulement par ses réclamations et ses instances que cette vénérable religieuse avait pu travailler à l'érection du monastère matériel ; mais à l'érection du monastère spirituel, elle était présente, et y dépensait avec bonheur les lumières de son esprit, les tendresses de son cœur, les forces de son âme.

La protection divine ne lui manquait point ; chaque jour, elle en recevait des preuves : Le

4.

22 septembre 1478, c'était Guiette de Demon et Gonnette de Vienne qui lui arrivaient, désireuses de se donner à Dieu ; le 25 octobre de la même année, c'était Catherine Gaulterette ; le 1er novembre, sa propre sœur, Louise Baile[1] ; quelques jours après, Louise[2] et Eléonore Portier....

Toutes ces jeunes filles devenaient sous sa main vigilante et maternelle, les pierres vivantes, les assises du sanctuaire. Le monde pouvait s'étonner de la précocité de leur sacri-

[1] « La vie d'une sienne sœur et d'une nièce qui avaient vécu et qui étaient mortes en ce monastère, en odeur de sainteté, ont été brûlées en 1562, par les calvinistes. » — *Guy Basset.*

[2] Nous avons trouvé dans la *Notice généalogique de la famille Portier*, le trait suivant : « Ma sœur, dame Louyse religieuse de Sainte-Claire, estant en ses oraysons, veilles et jeûnes, pleurant amèrement et désirant scavoir l'estat de l'âme de Guigue Portier, son père, (neveu de François Portier, mort dans les cachots de la forteresse de Cornillon), si elle estait en paix, et si elle se reposait et jouissait de la béatitude éternelle, où si elle estait détenue aux peines du purgatoire ou de l'enfer. Ladite dame religieuse, lâssée et travaillée par les afflictions qui troublaient toutes ses journées, s'endormit ; et pendant son sommeil, entendit une voix lui disant : — « Pourquoy me pleurez-vous tant puisque je suis sauvé ! » Laquelle dame religieuse ayant ce entendu, se leva soudainement, et raconta d'avoir vu son père et ouy les choses susdites...» *Bibliothèque de Grenoble, R, 80, n° 13.*

fice et le traiter de téméraire ; mais l'abbesse savait qu'il y a dans les âmes, une maturité qui ne dépend pas de l'âge ; et que, dans la vie, souvent au matin, sonne l'heure unique et décisive, où le cœur possède cette plénitude de générosité, de liberté et de force, qu'on ne retrouve plus. Par un instinct supérieur qui ne la trompait pas, cette mère admirable savait également imposer des délais prudents et sages aux âmes en qui elle ne reconnaissait point une vocation spéciale. « Quantité de jeunes « filles dont la noblesse n'était pas moins gran- « de que la piété accouraient se ranger autour « de Jeanne Baile, » écrit, en 1739, un avocat de Grenoble[1] ; « Le plus pur sang de la province « se donnait ainsi un espèce de rendez-vous « général, pour présenter à Dieu des hommages « dignes de sa Souveraine Majesté... »

Quel spectacle pour les privilégiés de la fortune que ce *rendez-vous général*, de tout ce que la province possédait de plus brillant, de plus noble, de plus pur. Quel spectacle plus grand

[1] Son nom nous est inconnu. Il a laissé un mémoire imprimé, intitulé : — *Avertissement pour le sieur syndic du monastère des dames abbesse et religieuses de Sainte Claire de Grenoble... Contre sieur Charles Cheminade, marchand cartier de la même ville.*

encore pour les pauvres, de voir au dernier rang de la communauté celle qu'ils avaient aperçue au premier dans le monde, et leurs sœurs et leurs filles, unies par des liens fraternels indissolubles, aux sœurs et aux filles de leurs seigneurs, couvertes de la même bure, s'asseyant à la même table, prenant le même repas, allant goûter le repos commun sur de la paille, dans des cellules semblables, se levant la nuit aux mêmes heures pour prier, passant leurs journées occupées des mêmes devoirs, et enfin « nobles de la même noblesse ou serfs de la même servitude, confondues dans la sainte égalité de l'humilité volontaire [1]. »

Certes, il leur était permis à tous, riches et pauvres, de demander à ces femmes qui avaient quitté, pour suivre le Seigneur, et leurs châteaux et leurs chaumières, s'Il leur donnait dès ce monde, le centuple qu'Il leur avait promis ? Mais Il le leur donnait, et c'était avec l'un des grands maîtres de la vie monastique qu'elles savaient répondre : « Vous qui croyez qu'il est plus facile de vivre sous l'habit du monde que sous celui de moine, regardez et voyez, avec

[1] Saint Jean Chrysostome.

quelle allégresse, ce vêtement est porté par ces chrétiens de tout sexe, de tout âge et de toute condition qui remplissent la terre entière de leurs chants de joie[1]...»

Cette joie céleste constituait tout l'apanage des religieuses du monastère de l'Ave Maria, mais n'était pas un monopole. Par un privilège dont Jeanne Baile possédait le délicieux secret, elle savait la répandre autour d'elle. Chaque jour on venait demander des conseils à sa sagesse et des consolations à ses prières, et elle se faisait auprès de Dieu l'avocate de toutes les douleurs.

En échange de ses supplications et de ses sacrifices, elle recevait des aumônes; car fidèle à la réforme de sainte Colette, elle n'avait accepté aucune des rentes dont on aurait voulu doter son monastère: Dieu revêt les lys des champs, pensait-elle, il donne leur pâture aux petits du passereau, il ne saurait nous laisser périr.

Cette pieuse abbesse ne négligeait pas cependant les intérêts de sa communauté, et le 2 juin 1484, voulant agrandir l'enclos du monastère,

[1] Saint Anselme.

elle acheta de M. Rolland, seigneur d'Argenson, une maison et un jardin situés sur la rue Pertuisière et qui confinaient aux murs fondés jadis par Jean d'Armagnac.

Les gens d'affaires et du parlement purent en cette circonstance la trouver habile ; mais au sein de sa communauté, on admirait surtout sa science dans les voies de Dieu, sa patience à les étudier, sa sagesse dans le conseil, sa décision également ferme et douce dans le commandement. « Elle instruisait et élevait toutes ses religieuses, » écrit Fodéré, « à des degrés héroïques de charité, d'humilité, d'obéissance, d'abnégation, d'austérité ; » et lorsqu'elle les avait conduites à ces hauteurs de la perfection, elle les y maintenait, en leur demandant des efforts sans cesse renouvelés et une immolation de plus en plus complète.

Aussi, était-elle vénérée de tous, cette femme dont le cœur épris dès le berceau du suprême et divin amour, ne s'était préoccupé que de l'accomplissement du règne de l'Infini dans les âmes. Nous en avons le témoignage dans ce chapelet et ce bréviaire, [1] que le Pape lui envoya

[1] « Ce bréviaire était en velin avec de très belles vignettes et mignatures. Les religieuses les trouvèrent si

comme pour attirer sur son gouvernement le secours fervent de ses prières.

L'homme attaché à la terre de tout le poids du péché, ne connaît pas l'empire de Dieu sur l'âme sainte et l'empire que l'âme sainte acquiert sur son corps ; « il croit à l'attraction des mondes, il ne croit pas à l'attraction de Dieu [1] ». Cependant l'attraction divine s'exerce ici-bas sur l'âme sainte, et par l'âme sainte sur le corps qui lui a été uni. La vénérable abbesse nous en est une preuve réelle et convaincante : « A l'oraison d'après complies et d'après matines, elle était souvent ravie en extase », dit Fodéré, et son corps s'élevait d'un demi-pied au-dessus du sol ».

« Comme l'eau placée sur le feu, monte en vapeur et s'élance en bouillons, oubliant en quelque sorte à mesure qu'elle subit l'action de la chaleur les propriétés de sa nature, pour imiter dans ses mouvements l'élément qui la domine [2]; » ainsi, cette humble femme, l'âme

fort à leur gré qu'elles les arrachèrent pour en faire des images de dévotion. Il n'en reste plus que cinq ou six pages qui sont attachées ou collées, dans la bibliothèque, contre la porte des archives. » — Le P. Fahy.

[1] Le P. Lacordaire.

[2] Louis de Grenade.

enflammée du feu céleste, prenait-elle dans l'espace, un essor mystérieux.

Lorsqu'elle revenait à elle-même et à ses filles, c'était pour s'abîmer dans la confusion que lui inspirait son néant, ou pour jeter vers le Seigneur un soupir de regret tout embaumé encore des ardeurs qui l'avaient transportée.

Mais ce rayon du ciel que l'exstatique percevait ainsi dans ses visions, ne pouvait que la détacher de la terre; cette goutte des éternelles délices, qu'exciter sa soif sans l'apaiser. Bientôt elle se trouva consumée du désir ardent de la mort. A la mort seule il appartenait de l'unir à son bien-aimé.

Le 30 juillet[1]... sonna enfin l'heure de la délivrance ; cette heure, que la vénérable mère avait appelée de ses plus vives instances. Mais en quittant ses filles, que de tendres conseils, que de pieuses recommandations, que d'utiles avis, elle sut communiquer à leurs âmes ; avec quelle énergie, elle leur apprit à traverser les

[1] L'année de sa mort nous est inconnue. D'après le P. Hueber, Jeanne Baile serait morte en 1480; mais ceci n'est pas exact, puisque le 2 juin 1484, elle achetait au seigneur d'Argenson une maison et un jardin pour agrandir l'enclos de son monastère. L'avocat déjà cité et le P. Fahy s'accordent sur ce point.

dernières angoisses ; avec quelle paix elle leur donna le dernier adieu ! On eût dit qu'elle ne les quittait point, mais que toutes allaient la suivre aux pieds du Seigneur, « et briller avec elle, comme des astres, dans de perpétuelles éternités[1] ! »

[1] Daniel XII.

XI

LE CULTE DE JEANNE BAILE. LES PROTESTANTS EN DAUPHINÉ

XVIᵉ Siècle.

« Les saints ne nous abandonnent pas, et cependant quand ils disparaissent corporellement des lieux où ils ont vécu, et qu'ils sanctifiaient et enrichissaient de leur présence, un vide cruel se fait sentir que rien ne peut combler [1]. »

La vénérable Jeanne Baile n'avait certainement pas abandonné son monastère de l'Ave Maria ; vivante en Dieu, elle allait y continuer l'œuvre et les leçons de sa vie ; toutefois, quand ses filles ne l'aperçurent plus dans sa pauvre cellule, au chapitre, au chœur, devant cette image de sainte Catherine, où si souvent, elles

[1] Le R. P. Lécuyer.

l'avaient trouvée ravie dans de séraphiques extases, elles furent saisies d'une tristesse profonde dont rien ne pouvait les distraire. Si elles se rencontraient, c'était en échangeant des larmes, si elles s'interrogeaient c'était pour se demander quelle mère Dieu allait leur donner qui pût succéder à cette mère et « unir, comme elle, la tendresse d'une femme à l'énergie d'une âme virile [1] ? »

Au dehors, les habitants de Grenoble paraissaient plongés dans la même douleur et agités de la même inquiétude. Ils se la rappelaient toujours prête à accueillir leurs demandes, à s'y unir, à obtenir de Dieu le soulagement de leurs maux, à verser dans leurs âmes ces instructions qui les ramenaient en les consolant, à la vérité et à la vie.

Les concitoyens de Jeanne Baile, comme ses filles, eussent été longtemps inconsolables s'ils n'eussent appris, en l'appelant à leur aide, le mystérieux pouvoir de son intercession. Dieu, en lui ouvrant le ciel, lui avait laissé son plus doux bonheur de la terre, celui de consoler. Bientôt, il ne fut plus question, dans le monas-

[1] II Mach. VII.

tère et hors du monastère, que de la protection surnaturelle accordée par son cœur, à ses filles, à ses amis, à ceux qui dans leurs douleurs réclamaient son secours.

Des registres furent ouverts pour recevoir le récit de ces faits, que la science ne pouvait pas expliquer. Fodéré, confesseur et ensuite visiteur des Clarisses de Grenoble, ajoute, que des notaires, « à ce députés », contrôlaient et signaient ces actes, constatant ainsi leur authenticité.

Ce fut sans doute, grâce aux instances d'Humbert de Chione, que ces registres furent ouverts. Ce jeune homme, neveu de Jeanne Baile, étant à la chasse, s'élança à la poursuite d'un chamois jusque sur un roc élevé. Lorsqu'il y fut monté, il lui devint impossible d'avancer, ni de reculer ni seulement de mettre pied à terre. Autour de lui, les précipices étaient effroyables et le danger si grand, qu'il demanda du secours à sa pieuse tante, promettant à Dieu, « s'il pouvait évader ce péril [1] » de la vénérer jusqu'à la mort et de poursuivre en cour de Rome son procès de canonisation. Ce vœu était à peine formulé

[1] Fodéré.

que le chamois fit un bond, d'un roc à un autre; le cheval effrayé, se précipita dans l'abîme avec son cavalier. On y retrouva cet animal fracassé et sanglant, mais le jeune homme était sain et sauf. Il se jeta à genoux, remercia Dieu de la miséricordieuse protection qui venait de lui être accordée, renouvela son vœu, et quittant sa chaussure, prit nu pieds la route de Grenoble. Lorsqu'il eut satisfait sa dévotion auprès du tombeau de sa tante, il fit déposer son corps dans une châsse de bois de noyer, qu'il recouvrit d'un drap d'or; et les religieuses le placèrent sur un autel, dans leur salle de chapitre.

« Humbert de Chione, se mit également en devoir, ajoute Fodéré, de faire canoniser la sainte, mais comme c'était une affaire qui requerrait l'instance de grands princes et des moyens excessifs surpassant ses facultés, il ne put pas la poursuivre. »

Les démarches de canonisation furent suspendues, mais les grâces ne discontinuèrent pas. Tous avaient part aux faveurs de l'humble religieuse, les riches et les pauvres, les religieux et les laïques, les étrangers et les Dauphinois. Un gentilhomme italien, demeurant à Marseille, avait un fils unique, âgé de deux ans, dont les nerfs des jambes s'étaient retirés et tordus. On ne pouvait mettre ce pauvre enfant sur ses pieds. Le malheureux père le voua à saint Claude et partit avec sa mère et sa nourrice, pour le conduire à ce lointain pèlerinage. Arrivé à Grenoble, il entendit parler des miracles qui tous les jours s'opéraient au monastère de Sainte-Claire, par l'intercession de la vénérable abbesse. Il s'y arrêta et demanda aux religieuses de s'unir à lui dans une neuvaine. Trois fois par jour, il apportait son fils qu'on déposait près de la châsse et les religieuses priaient autour de lui.

Au neuvième jour, les sœurs étant en prières, à la pénultième heure de l'oraison, le petit enfant se leva et se tint debout. La nourrice étonnée s'écria toute joyeuse : — « *Ha Beato san Francesco !* » Mais l'enfant, qui savait à qui il devait encore hommage, reprit : — « *Si ma anco la santa della casa !* » Et quittant les bras qui le soutenaient, il se mit à cheminer, droit et ferme, comme s'il n'eût jamais eu aucun mal[1].

Fodéré et Wading[2] rapportent tous deux, le

[1] Fodéré. — *Narration historique et topographique des couvents de l'ordre de Saint-François.* — [2] *Annales*

miracle arrivé au R. P. Claude Mulet, l'un des moines Franciscains qui travailla le plus, sous les ordres du cardinal d'Amboise à la réforme de son Ordre, dans la province de saint Bonaventure. Mais ces deux auteurs se bornent à citer l'attestation écrite par ce vénérable religieux sur les registres du monastère de l'Ave Maria. Nous ne pouvons donc que donner la traduction de ce reconnaissant témoignage :

« Moi, F. Claude Mulet, de l'Ordre des Frères Mineurs de la régulière observance, du couvent de N.-D. de Myans, et le plus minime des Mineurs.

« Me trouvant à Grenoble, en ce couvent de Sainte-Claire, je fus saisi d'une fièvre continue et telle que, dans l'opinion commune, ma mort était plus certaine que ma guérison. Je me recommandai à Dieu et à la Vierge, afin qu'ils me délivrassent par les mérites de la bienheureuse mère Jeanne Baile, non seulement de la fièvre, mais encore du danger de mort où je me trouvais ; et à cet effet, je demandai humblement que l'une des sœurs accomplît une neuvaine,

Minorum, auctore R. P. Luca Waddingo hiberno, ejusdem ordinis.

devant les restes de ladite mère, dans le chapitre des sœurs dudit couvent. Or, par une grâce et affectueuse charité que je n'avais point mérité d'elles, toutes les religieuses allèrent en procession acccomplir cette neuvaine. Mais à peine l'eut-on commencée, que le Tout-Puissant, daigna déclarer manifestement en combien grand mérite ladite bienheureuse Mère Jeanne a été auprès de lui. Car, aussitôt, je sentis les progrès de la mort se changer en abondance de vie ; et délivré de la fièvre, comme si jamais je n'eusse éprouvé ses attaques, j'ai de ma propre main certifié et écrit ces choses, en toute vérité. »

La bienheureuse[1] Jeanne qui exauçait les prières d'un cœur si prodigue et si aimant eut bientôt sa fête sur la terre de son exil. Les origines nous en sont inconnues, elles se perdent pour nous dans ce lointain des premiers vœux qui lui furent offerts et des premières

[1] Le titre de bienheureuse lui est généralement donné par les auteurs Dauphinois ; et son nom se trouve dans le *Martyrologe Franciscain* du P. Arthur ; dans le *Ménologe* du P. Huéber... ainsi que dans le *Calendrier des saints du Dauphiné,* faisant suite *au Directoire à l'usage des Confréries du Saint-Rosaire, imprimé à Grenoble, chez Jacques Petit, en 1689.* — Note N° III.

grâces obtenues du Seigneur par son intercession.

C'était le 30 juillet[1], jour de son entrée dans la patrie céleste, que les Clarisses fêtaient leur vénérable abbesse ; et la cité dont elle avait été la fille, dont elle était devenue la protectrice et la mère, se joignait aux religieuses dans leurs élans de reconnaissance et de piété.

La veille, avant d'exposer son chef à la vénération et aux hommages de la foule, les sœurs prenant la châsse sur leurs épaules, lui faisaient faire processionnellement le tour des cloîtres et des jardins. On eût dit alors, tant elles s'empressaient, que leur mère était vivante, et qu'elles l'accompagnaient dans une visite générale de ce monastère qu'elle avait fondé avec de si grands soins et gouverné avec une sagesse si admirable.

Les Sœurs récitaient en la portant les litanies des saints, afin d'inviter les élus du ciel, qui partageaient la gloire de leur mère, à les couvrir de la même protection... De retour au chœur elles entonnaient l'hymne des vierges : « *Jesu*

[1] Le Martyrologe franciscain du P. Arthur fixe la fête de Jeanne Baile au 8 des calendes de février, et le Ménologe du P. Huéber au 8 des ides d'octobre.

Corona.., avec l'antienne: *Prudentes virgines...* le verset : *Orate pro nobis beata Mater Joanna et sociæ ejus...* et l'oremus : *Exaudi nos Deus salutaris noster, ut sicut de beatæ matris Joannæ et sociarum ejus virginum tuarum festivitate gaudemus, ita piæ devotionis erudiamur affectu. Per Christum Dominum nostrum...*

Ensuite se réunissant autour des ossements de leur vénérable abbesse, comme jadis autour de cette chère bienheureuse lorsqu'elle présidait leurs pieuses réunions, elles allaient déposer sur son front dénudé par la mort un filial baiser.

Les religieux qui desservaient l'église, chantaient de concert avec elles, vers le soir, l'office à neuf leçons, pour les bienfaiteurs du monastère[1].

Dans la matinée du lendemain, une grand' messe, en l'honneur de la Sainte-Trinité, ouvrait la fête. Le peuple y accourait en foule. Les jeunes filles et les femmes auxquelles Jeanne Baile avait été donnée pour patronne, y venaient parées des fleurs qu'on leur avait offertes[2].

[1] Registre des sépultures faites dans l'église et le cloître des Clarisses de Grenoble. — *Bureau de l'État-civil.*

[2] Le P. Fahy. Manuscrit intitulé : *Des religieuses de la Province de saint Bonaventure*; communiqué par M. Chaper.

Devant la grille, était exposé à la vénération de tous, le chef de la vénérable mère [1], et bien des prières et des larmes tombaient brûlantes jusqu'au soir, devant ce précieux reste d'un corps qui avait été le temple de l'Esprit-Saint, et était devenu comme le touchant témoin des miséricordes du Seigneur.

Humbert de Chione avait pu se juger impuissant à poursuivre la canonisation de sa sainte tante, et cependant, ce n'était pas l'appui des grands princes qui manquait au monastère de l'Ave Maria.

Au mois de novembre 1490, Charles VIII y vint et le visita avec un soin aussi paternel que royal, car s'apercevant que des maisons voisines on avait vue sur le jardin, il ordonna de faire murer ces fenêtres et cesser cette sujétion qui pouvait troubler les sœurs dans leur solitude.[2]

[1] Guy Allard, Guy Basset, Le P. Fahy.

[2] Des lettres patentes furent expédiées à ce sujet, sur l'ordre du prince, datées du 24 novembre 1490 et enregistrées au greffe du parlement.

Les Clarisses ne jouirent pas toujours de la liberté acquise par les lettres royales. Au XVIIIe siècle, le P. Fahy écrivait :

« Le jardin du couvent n'est pas d'une forme gracieuse. Les religieuses en retirent peu, parce que plus de la moitié est en pré, sur lequel elles font blanchir du fil.

Touché de la piété et de la pauvreté des humbles mineures, il leur accorda en outre la permission de mendier dans tout le royaume.

Quatre ans après, au mois d'août, ce monarque, allant en Italie, passait encore à Grenoble, où il laissa la reine et le jeune roi de Naples, atteint d'une maladie grave que l'air du Dauphiné ne devait pas guérir.

Cet enfant mourut, et sa pieuse mère, tint à ce que son corps fût transporté de Montbonnot à Grenoble, dans l'église du monastère de Sainte-Claire, où elle voulait également qu'on ensevelît le sien.

Au retour de sa sanglante campagne, Charles VIII offrit aux filles de Jeanne Baile son manteau royal. Ce précieux vêtement était tissu

Elles n'osent même pas y aller prendre l'air parce que les maisons de la ville y ont des jours. A quoi ont abouti la piété de Charles VIII et les soins de Louis XII, même du parlement qui avait pris tant de précaution afin que ces religieuses fussent en liberté chez elles. Les uns se sont appropriés les petites rues qui tournaient autour de leur couvent ; d'autres, plus hardis, ont bâtis et appuyés contre leur mûr de clôture ; presque tous ont ouverts des fenêtres par où ils voient dans l'intérieur du monastère. N'est-ce pas là une usurpation manifeste ? Ah ! pauvre Naboth, il a fallu céder à la violence, et accorder son champ à l'autorité, tu étais trop faible pour le défendre... » Manuscrit du P. Fahy.

de velours violet, couvert de paillettes d'or, aux armes de France et de Bretagne. Les fleurs de Lys étaient délicatement enchassées dans les cordelières que la reine avait prises pour symbole de son union avec Saint François.

Louis XII [1], François Ier, Henri II [2], François II, Charles IX, Henri III [3], confirmèrent successivement les privilèges concédés aux religieuses du monastère de l'Ave Maria par Charles VIII. Mais les bienfaits de tous ces souverains ne devaient pas éloigner de leurs murs la pauvreté, à laquelle elles s'étaient unies comme leur père le Séraphin d'Assise. La peste qui, au XVIe siècle, désola si souvent Grenoble, et les discordes civiles et religieuses vinrent encore ajouter à leurs souffrances.

[1] Le 26 mai 1503, ordre fut donné au trésorier du Dauphiné de payer aux religieuses de Sainte-Claire de Grenoble, pour la construction d'une infirmerie dans leur monastère, la somme de 300 livres, des deniers de la recette des chatellenies....

[2] Le 24 mars 1547, lettres patentes du roi Henri II, données à Fontainebleau, portant aumône de la somme de 100 liv. pendant neuf ans, pour les religieuses de Sainte-Claire de Grenoble....

[3] Le 19 avril 1584, lettres patentes du roi Henri III, continuant aux religieuses de Sainte-Claire de Grenoble, le secours que leur ont donné ses prédécesseurs....

Une lettre de l'abbesse Henriette Gaulterette aux consuls de Grenoble, nous laisse pénétrer dans le monastère de l'Ave Maria, à l'heure où ces religieuses sont aux prises avec la maladie et la faim. Nous la citons tout entière. Il est bon de constater quels sacrifices s'offraient dans le sanctuaire élevé par Jeanne Baile, et de quels liens, la foi avait uni ces religieuses à la ville de Grenoble :

Jésus Maria.

« Messeigneurs nos bons et piteux pères et ceulx-là que nous tenons pour nos charitables protecteurs et bienfaicteurs. Après avoir presente a vos bonnes graces nos tres humbles recomendacions, plaise vous scavoir messeigneurs que vous n'avez hospital en la ville qui soit en si grosse et extrême pauvreté ou sont vos pauvres religieuses de ceans, desquelles il y en a bien XXIII malades et toutes au lit et rien au couvent pour les subvenir ni ble ni vin ni aultre chose. Hellas messeigneurs nous sommes du nombre de vos pauvres et entre les mains de votre misericorde et si vous n'avez pitié de nous, ses pauvres mallades sont pour mourir auttant de necessité et misere que de maladie. Nous ne savons à qui recourir sinon a vous aultres messeigneurs qui avez le maniement des œuvres de pitié et misericorde. Tant de nos bons amis et bienfaicteurs sont trepassés que a present nos aulmosnes sont bien petites et de quelque aulmosne que nos seigneurs du pais nous ont donné ce n'a pas esté pour subvenir a nostre vye mais seullement pour contenter un peu nos creanciers a qui nous devons bien plus que cella ne se monte, car generalement toutes choses il nous faut achepter et tout a creance ; et pour ce que le buchier ne nous veult plus bailler de bois sans argent, nous ne pouvons pas faire toute la consollacion es malades de la ville de leur bouillir d'eau comme nous soulions et vouldrions bien. Messeigneurs nos bons peres de votre grace et charité vous nous aviez donné congié de faire fere la quette du linge parmi la ville, mais les bonnes dames nous ont conseillé que non pource que vous l'avez faicte pour les hospitaux, et si daventure vous en aviez point de reste vous feriez une merveilleuse aulmosne de le nous donner, pour conforter ces pauvres mallades qui portent tant de miseres ; aussi nous sommes toujours continuantes a prier nostre Seigneur pour la prosperité et preservacion de la noble ville et de plus fort nous serons obligées a le fere et pour toutes vos bonnes intencions, s'il vous plaist avoir pitié et miséricorde de vos pauvres filles et nous secourir a nostre necessite, pour l'amour du doulx Jésus, qui vous doint messeigneurs nos bons peres en santé bonne vye et longue et a la fin paradis. Amen.

« De Grenoble, en nostre pauvre couvent de madame saincte Clere, ce XXIII d'aoust.

« Vostre treshumble fille et oratresse en Nostre-Seigneur. Sœur Henriette Gaulterette indigne abbesse [1]. »

Mais la faim et la maladie, ces épreuves que la charité des consuls pouvaient soulager, n'allaient pas suffire au Souverain Seigneur. Les épouses du crucifié devaient souffrir encore et surtout des discordes religieuses.

[1] *Archives municipales de la ville de Grenoble. Registre B B. X.* Cette lettre nous a été communiquée par M. Prudhomme, archiviste de l'Isère.

Un règlement de police fait le 2 7bre 1522, par le procureur du roi, sur les mesures à prendre pendant la contagion, nous offre ces lignes : « Il sera fait des distributions aux pauvres de l'hôpital de l'île, aux dames de Sainte-Claire et aux frères mineurs et prêcheurs qui vi-

Déjà, sous le règne de François II, les protestants avaient fait invasion en Dauphiné, malgré les efforts du duc de Guise. Lorsque Catherine de Médicis eut été déclarée régente, leur parti grossit encore. L'émeute de Vassy, dont les révoltés firent un massacre, ouvrit le feu ; et peu de temps après, Orléans, Tours, Poitiers, Angers, La Rochelle, Rouen, Bourges et Lyon tombèrent en leur pouvoir. A Grenoble, ils comptaient des amis dans tous les rangs de la société, même dans le sein du parlement.

Victorieux un instant à la tête des catholiques, le duc de Guise ne sut pas se garder contre le poignard huguenot. Il fut assassiné, et son parti, trop faible pour continuer sans lui cette guerre dangereuse, obtint la paix au prix du libre exercice du culte protestant. Mais cet accord ne calma point les angoisses dont les esprits sérieux étaient atteints : tous y trouvaient au contraire le présage de nouvelles divisions.

Ces craintes vagues devinrent bientôt effectives. En Dauphiné, la mort de Pardaillan alluma les poudres. Les mécontents se réunirent

vent ordinairement des aumônes de la ville... » *Archives municipales de la ville de Grenoble.*

aux Réformés et donnèrent le commandement à François de Beaumont, baron des Adrets. Le 11 mai 1562, il entrait à Grenoble, où déjà les Huguenots avaient pris les armes.

Le premier acte du sanguinaire baron fut d'abolir tout exercice du culte catholique et d'interdire aux prêtres de célébrer la messe, sous peine de mort; le second, de faire détruire tous les jardins qui bordaient les remparts, afin de mettre la ville en état de défense; le troisième, d'établir le consistoire dans le couvent fondé par Jeanne Baile et où ses filles vivaient dans le travail et la pénitence, entourant ses précieux restes d'un culte doux à leurs âmes.

Quelques heures suffirent aux Huguenots pour arracher la grille de fer qui séparait le chœur de la chapelle, pour enlever les autels, pour jeter aux flammes les tableaux, les statues, [1] les papiers de la communauté, voire même

[1] « Une religieuse, animée d'une vive foi, emporta une statue de marbre représentant la Sainte-Vierge, comme si elle avait été de plume, et alla la cacher dans du fumier. Cette statue se conserve encore dans le chœur des religieuses, mais comme elle avait été toute jaunie, la sœur saint-Louis de Rochevieux la fit dorer, ce qui endommage la sculpture qui est très belle.. » *Manuscrit du P. Fahy.*

ces registres que la reconnaissance et l'admiration forçaient d'écrire, et cette image de sainte Catherine, qui si longtemps était restée la consolation de la pieuse abbesse.

Rien n'échappa à la fureur des correligionaires, rien... sinon son corps, que ses filles s'étaient empressées de soustraire et de cacher.

Tous les couvents de la ville et toutes les églises subirent la même profanation. Celle de Notre-Dame ne fut épargnée qu'un instant, et cela, grâce à l'énergie de Mgr de Saint-Marcel d'Avançon. Debout à la porte, en habits pontificaux, quand le fier baron parut à la tête de ses sicaires, il l'arrêta, lui en interdisant l'entrée : — « J'en ai reçu la garde, vous n'y pénétrerez pas ! » dit-il ; et parce que François de Beaumont demandait seulement d'y établir le prêche protestant : — « Non, non, reprit-il, je dois seul enseigner dans ce sanctuaire ! » Le baron des Adrets se retira : c'était le premier évêque qu'il eût rencontré sur son chemin.

Mais ce trésor de Notre-Dame que Mgr de Grenoble savait défendre, la trahison devait le livrer. Le 3 juin 1562, un jeune clerc dont les prêtres de la cathédrale ne s'étaient pas méfiés, alla avertir les protestants que toutes les richesses de la basilique étaient enfouies à Notre-Dame, dans un tombeau, situé à l'entrée de la chapelle des Cassards [1]. François de Beaumont et ses soldats se ruèrent sur ce tombeau, et en arrachèrent tout ce qui pouvait tenter leur cupidité ou exciter leur haine impie. Le corps de saint Hugues et le chef de saint Vincent furent jetés dans un vaste brasier, ainsi que les autres reliques ; les calices et les ciboires fondus pour subvenir aux frais de la guerre.

Elle n'était pas achevée... Ce n'était pas en allumant le brandon d'un semblable incendie que les protestants pouvaient s'attendre à jouir de la paix.

Pendant qu'ils promenaient leur torche rougie de sang en Dauphiné, des sommets de la Chartreuse aux pics de l'Embrunois, des rives de l'Isère à celles du Rhône et de la Durance, les clarisses confinées dans le dortoir et l'infirmerie de leur monastère, dont elles espéraient ainsi sauvegarder les bâtiments, suppliaient le ciel de leur venir en aide. Leur confiance n'était

[1] La chapelle actuelle de la Sainte-Vierge. « On tient que c'est-là que saint Hugues donna l'habit à saint Bruno et à ses compagnons avant de les conduire dans le désert de la grande chartreuse. » *Visite de la Cathédrale, par Mgr Le Camus, en 1683.*

point ébranlée, pas plus que leur foi. Aucun sentiment de vengeance ne montait trop amer à leurs âmes : elles savaient de quelle main. était parti le coup qui les avait atteintes. Les forfaits les plus hardis, les crimes les plus exécrables, quoique exécutés par les protestants, ne laissaient pas d'être à leurs yeux, tolérés et permis par cette volonté Divine qui ne blesse que pour guérir, pour purifier et sanctifier ; aussi, comme le Seigneur, étaient-elles prêtes à dire à leurs persécuteurs : — « Vous ne pourriez rien contre nous, s'il ne vous avait été donné d'en haut[1]. »

Toutefois le moment vint où leur séjour dans ce monastère ne fut plus possible. Les Huguenots ne se bornaient pas à les contraindre d'assister à leurs prêches dans l'église basse, ils les accablaient encore d'injures. Pierre de Theys, Seigneur de la Coche, témoin de leurs souffrances, les engagea à sortir de leur monastère ; les consuls de la ville y joignirent l'ordre de quitter l'habit religieux. Elles supplièrent, au nom de Dieu[2], et leurs amis et leurs ennemis,

[1] S. Jean XIX, II.

[2] *Récit de ce qui s'est passé de plus remarquable, à Grenoble, en l'année 1562.*

de les laisser mourir en paix dans le pieux asile où elles avaient offert le sacrifice de leur vie. Mais leurs prières et leurs larmes, qui émurent un instant les consuls, ne touchèrent pas les hérétiques ; ils surent les obliger au départ : les unes, se retirèrent dans leurs familles, les autres, au nombre de huit, à l'évêché, où Mgr de Saint-Marcel d'Avançon leur offrait un asile.

Mais à l'évêché de Grenoble, la pauvreté était grande ; si grande que les clarisses, habituées à toutes les rigueurs de leur vie pénitente, ne purent y résister. Après y avoir élu pour abbesse la mère Elisabeth de la Colombière, il leur fallut s'éloigner encore : heureusement, pour quelques-unes, les monastères de Savoie étaient proches et n'avaient pas tous été troublés par l'épée huguenote.

Si l'épreuve à laquelle ces humbles sœurs étaient soumises, leur parut rude et pénible, elle fut d'un grand exemple pour leurs familles et leur patrie. Les exploits du protestant Lesdiguière, les défaites subies par leurs proches, la ville de Grenoble prise et reprise, le pillage et l'incendie des bourgs et des châteaux où elles s'étaient réfugiées, les tristes nouvelles qui chaque jour venaient plonger les âmes dans la désolation... rien ne pouvait troubler leur patience, ni les distraire de leur Sauveur. « La règle garde ceux qui la gardent ! » disent les patriarches de la solitude : Ces véritables religieuses gardaient le plus fidèlement qu'il leur était possible cette règle qui les sauvegardait à leur tour.

Aucune d'entre elles ne céda aux suggestions du démon, qui, profitant de leur isolement tentait de les séduire ; aucune n'abandonna la voie où Dieu l'avait appelée [1]. Lorsque des temps plus calmes s'ouvrirent, toutes revinrent à leur monastère, heureuses d'y vivre comme dans le passé de prières et d'aumônes, heureuses encore d'y retrouver le corps de leur vénérable mère et de pouvoir l'entourer comme avant la tourmente de leur culte respectueux.

Les reliques des saints patrons de Grenoble avaient été brûlées sur la place Notre-Dame ; les dépouilles des Dauphins jetées au vent ; les crucifix, les statues et les images des saints profanés et brisés ; seul, ce corps précieux, l'unique trésor du monastère de l'Ave Maria, avait été providentiellement préservé.

[1] Fodéré.

Il devait encore être enseveli sous d'autres ruines et reparaître glorieux après d'autres révolutions.

XII

MIRACLES DE JEANNE BAILE. Mgr LE CAMUS

XVIIe siècle.

L'ordonnance qui avait chassé les huguenots du monastère de l'Ave-Maria[1], ne leur avait pas enjoint de le rétablir dans l'état où il était, en 1562 : et les pauvres clarisses, en y rentrant, le trouvèrent « tout désastré », écrit le vieil auteur[2]. Les murs seuls étaient restés debout. Il leur fallut pourvoir, dès le premier abord, non-seulement à la réparation

[1] Chorier t. II, l. XVIII.

[2] Quelle année y rentrèrent-elles? Nous l'ignorons. Le 17 mars 1564, les réformés occupaient encore leur église, et prière était adressée par les consuls à M. de Maugiron, de la leur laisser pour ne pas déranger M M. de l'Université. — *Inventaires des archives de la ville de Grenoble.*

de leurs cellules et de leurs salles, mais encore à cellés qu'exigeait leur église dont les grilles avaient été arrachées comme les boiseries.

Si ces humbles religieuses n'eussent eu que des forces humaines, elles se fussent trouvées impuissantes à relever de telles ruines ; mais, elles avaient appris, de leur vénérable mère Jeanne Baile, « à jeter au ciel leur espérance, » et à dépenser sur la terre le trésor de leur énergie.

Confiantes en Dieu, elles se mirent donc à l'œuvre, ne reculant, ni en face des difficultés que leur réinstallation faisait surgir, ni en face des sacrifices que leur dénuement leur imposait, plus impitoyable encore dans ses exigences, que leur règle déjà si austère.

Leur premier soin fut de replacer le corps de leur bienheureuse abbesse dans la salle du chapitre, et il redevint en peu de temps ce qu'il était avant les discordes protestantes, c'est-à-dire un centre de prières et de grâces.

Nous en avons trouvé des preuves, non pas certifiées par des notaires. Les filles de Jeanne Baile, tombées dans la plus affreuse détresse, ne pouvaient plus se porter à cette dépense ; mais elles aimaient à recueillir dans leurs registres conventuels, le souvenir des faveurs accordées par leur mère[1]. N'était-ce pas laisser à celles qui allaient venir à leur suite le doux témoignage de sa constante protection ?

En 1581, c'est un boulanger de Grenoble, dont la fille a les pieds mal conformés, qui vient demander des prières à la porte du monastère de l'Ave-Maria. Les religieuses prient. Chaque jour, pendant une neuvaine, on leur apporte l'enfant, qu'elles vont déposer auprès de la châsse. Le neuvième jour, elles s'aperçoivent que la petite infirme est devenue vive et alerte. En effet, la vénérable abbesse venait de la guérir, et sa mère la ramenait au logis paternel, sans avoir à la soutenir dans ses bras.

En 1592, c'est un religieux de Saint-François, desservant le monastère et atteint du mal caduc, qui se voue à la bien-aimée mère. Sa maladie est incurable, il le sait ; mais, si elles sont vives ses souffrances, sa confiance en sa protectrice est plus vive encore. Pendant neuf jours, il vient respectueusement vénérer à la grille le chef de Jeanne Baile : au neuvième jour, il est guéri.

[1] Feuilles manuscrites appartenant aux Clarisses de Valence, copiées sur les registres du monastère de l'Ave-Maria de Grenoble.

Quelques années après, en 1605, c'est une jeune fille aveugle que ses parents amènent au monastère. Les religieuses s'empressent de l'aider de leurs intercessions. Elles apportent au parloir le chef de leur mère et la jeune fille recouvre la vue.

Toutes les tristesses, toutes les angoisses, toutes les infirmités semblent se donner rendez-vous au couvent de l'Ave-Maria, et sans cesse, on entend s'échapper des lèvres de ceux qui souffrent, le mot des sages de l'antique Égypte : — « *Digitus Dei est hic !* » Le doigt de Dieu est ici.. Oui, il est ici, touchant les plaies par l'intermédiaire de Jeanne Baile ; sans cela, les plaies ne se cicatriseraient pas et les douleurs ne tariraient point.

Jeanne de Boutières, la fille d'un marchand de Grenoble, avait été atteinte à la tête, en traversant une rue, d'un gros caillou, qui lui avait brisé un des os du crâne. On l'avait relevée sans connaissance, et les médecins ne pouvaient que la déclarer mourante. Sa mère se hâte de la vouer à Jeanne Baile, et bientôt elle se relève, forte et joyeuse, du lit où on l'avait étendue sans espoir.

Une enfant de douze ans souffrait de cruelles

douleurs. Ses parents pour réparer le désordre de son lit étaient contraints de la soulever avec des draps. On la voue à la vénérable Jeanne, et parce qu'il était impossible de la porter au couvent, et que les religieuses ne devaient pas davantage envoyer les ossements de la sainte abbesse, à la jeune malade ; on dépose un linge sur les reliques, qu'on va appliquer ensuite sur ce corps si cruellement éprouvé : en un instant, il est guéri.

Ces prodiges que la plume se lasse à décrire et que le cœur constate avec un bonheur mêlé d'admiration, soutenaient les clarisses dans leur vie morale, mais elles étaient bien peu aidées dans leurs besoins physiques. Il est vrai qu'au commencement du XVIIe siècle, la misère était grande. Les protestants et les catholiques, en labourant le Dauphiné, de leurs épées fumantes de sang, n'y avaient semé que la ruine et la mort.

Mgr Guillaume de Saint-Marcel d'Avançon[1]. archevêque d'Embrun et neveu de l'évêque de Grenoble, vint au monastère de l'Ave-Maria,

[1] « Ce respectable évêque se glorifiait d'être parent de la bienheureuse Jeanne Baile. » — *Manuscrit du P. Fahy.*

en ces jours pénibles et tristes, où les sœurs, obligées à de grosses dépenses, n'avaient pour y pourvoir que leur foi dans les bontés du Seigneur. Il les trouva si pauvres, si dénuées de toutes ressources que son cœur s'émut. Mais que pouvait-il pour les aider, ce généreux évêque qui s'était vu contraint de sacrifier son patrimoine pour la défense du catholicisme dans son diocèse ?.. Il n'avait ni or, ni argent comme l'apôtre ; toutefois, il possédait une épine de la couronne de Notre-Seigneur et il la leur donna : c'était en même temps bénir leurs souffrances et consacrer leurs privations.

Henri IV, vint ensuite[1], et comme ses prédécesseurs, il tint à pénétrer dans le monastère de l'Ave-Maria. Lui aussi s'émut en y découvrant les preuves évidentes de l'extrême indigence où les discordes religieuses avaient plongé les sœurs. Il voulut savoir d'elles comment il devait les aider. Elles n'eurent qu'à lui montrer, démantelés et en ruines, les murs de clôture, destinés cependant à sauvegarder leur régularité.

Le noble prince fit reconstruire ceux qui

[1] En 1600.

bordaient les vieux remparts[1], ordonnant aux ouvriers de laisser à l'extérieur, un espace libre, afin qu'ils pussent être réparés facilement. Le jardin du monastère était fort restreint, il en fit augmenter la contenance ; et parce que le toit de l'église était en mauvais état, il ajouta un secours de 400 écus aux dons précédemment offerts[2].

Le parlement et la chambre des comptes ne devaient pas faire défaut à des besoins si légi-

[1] « Les anciens remparts étaient flanqués d'espace en espace de plusieurs tours, ce qui a fait donner à Grenoble le nom de ville aux cent tours. » M. Pilot, *Histoire de Grenoble*.

[2] 26 septembre 1600, Lettre d'Henri IV, portant don aux religieuses de Sainte-Claire de Grenoble, de la somme de 400 écus, à prendre sur les lods et vente *en considération de leur pauvreté et pour leur donner moyen de faire recouvrir leur église.*

Juillet 1604, continuation du secours de 100 livres, accordé par le roi.

21 octobre 1624, Louis XIII fonde dans l'église du monastère de l'Ave-Maria, une messe basse, dite de la chancellerie, *pour sa prospérité et santé et celle de ses successeurs ;* sous la dotation de 200 livres par an.

Janvier 1659, les dons, permissions, affranchissements et exemptions accordés aux clarisses du monastère de l'Ave-Maria de Grenoble, sont renouvelés.

Le 18 octobre 1670, nouvelles lettres patentes de Louis XIV, confirmant la pension de 100 livres faite par ses prédécesseurs...

Inventaire de la cour des Comptes.

times reconnus par le roi. Les nobles de la province que les religieuses secouraient de leurs prières, le peuple dont elles étaient les protectrices, tous s'unirent à une novice, sœur Alix de Glandage [1], et bientôt une nouvelle église s'éleva de terre, longue de 31 mètres, large de près de 7 mètres et ornée de cinq chapelles, dont trois à droite du chœur et deux à gauche.

Ces cinq chapelles fondées par les familles de Basset, d'Expilly, Emé de Marcieu, de Brenier et par la connétable de Lesdiguière devaient leur servir de sépulture. A l'un des angles de la cour, devant l'église, la famille de Rabot éleva encore une chapelle, également sépulcrale [2].

Pendant deux siècles, les dauphinois de noble lignée, tinrent à honneur et à bonheur de reposer à l'ombre de ce sanctuaire et de mêler leurs cendres à celles des saintes religieuses qui avaient prié pour leurs âmes.

Ainsi, vinrent à leur tour, à l'heure où Dieu les appela : Catherine de Bonne, fille de Lesdi-

[1] Alix de Glandage avait épousé dans sa jeunesse, M. de Genat ; devenue veuve, elle entra chez les Clarisses : on conserve avec soin le crucifix de cette religieuse qui ne sert que pour les prises d'habit et les professions. » — *Manuscrit du P. Fahy.*

[2] M. Pilot. *L'ancien monastère de Ste-Claire à Grenoble.*

guière et Marie Vignon, sa seconde femme ; Jean de Beaufort-Montboissier et Laurent de Chaponnay, François de Briançon-Saint-Ange et Pierre de Boffin, Claude Expilly et Joachim de Pina, Jean de Fiquel et Barthélemy Emé de Saint-Julien, Antoine Brenier et Jacques Moret, Jean Guy Basset, et Jean des Beins, Jean François de Raynaud et Gaspard du Boys, François Joseph de Bailly, marquis de Valbonnais et François de Vaulx[1].....

Quelques statues, quelques épitaphes rappelaient aux vivants ces morts illustres; et ce n'était pas sans instruction qu'on apercevait, agenouillée sur son prie-Dieu de marbre, cette ravissante Catherine de Bonne, fille du grand connétable, morte de la peste à quinze ans, que l'artiste s'était plû à représenter dans tout l'abandon et la grâce de la jeunesse ; et cette belle Marie Vignon, dont la fortune commencée par le crime avait été si prompte et la mort si douloureuse.

Ce n'était pas davantage sans de salutaires retours, que s'offraient aux passants ces lignes d'inscription :

[1] Registres des sépultures faites dans l'église et le cloître des religieuses de Sainte-Claire de Grenoble. *Archives de l'Isère.*

« *Tâche, ô Mortel, de changer la mort contre l'immortalité ?* »

« *Préviens la mort, si tu ne veux pas qu'elle te surprenne*[1] *?* »

« *Vas, où tu voudras, mais sache de quelle brièveté est la vie. Mesure ce que tu entreprends ; nul ne sait, crois-moi, combien durera notre mémoire, ni si nous méritons de vivre*[2]*...* »

Lorsque l'église fut achevée, le Saint Sacrifice s'offrit sans cesse pour les âmes de ceux qui venaient y reposer en attendant la résurrection[3]. Les prières également ne s'interrompaient pas. La mère Elisabeth de la Colombière avait, en des jours de périls, substitué le chant de l'office à la psalmodie[4]. L'archevêque d'Avignon, vicaire général du Cardinal de Bourbon, légat du Saint-Siège, s'était empressé d'autoriser cette substitution[5]. Chaque jour donc, l'office se célébrait avec la solennité des

[1] *Epitaphe de la Connétable.*

[2] *Epitaphe d'Expilly.*

[3] Le nombre des religieux qui la desservaient varie. Il s'éleva jusqu'à six.

[4] Manuscrit du P. Fahy.

[5] Par lettre du 29 novembre 1583. « Seulement aux jours de dimanche et de fête, les religieuses faisaient leur chœur. » — R. P. Fahy.

dimanches et des fêtes, et la voix des pauvres Clarisses s'élevait, ardente et pure, au milieu des ombres de la nuit comme sous les rayons du soleil.

Le R. P. Fahy, confesseur, raconte à ce sujet, que des jeunes gens allant à minuit en un lieu de débauche s'arrêtèrent sous les murs du monastère, pour écouter ces chants célestes, dont le tumulte de leurs fêtes était loin de leur renvoyer l'écho. A peine y eurent-ils prêté l'oreille que la grâce toucha leurs cœurs. L'un d'eux transporté de repentir s'écria : « Malheureux sommes-nous !.. Voilà de saintes religieuses qui font l'office des anges, tandis que nous allons faire celui des démons. Elles prient pour apaiser le Seigneur et nous allons l'irriter par nos péchés.. Selon toute apparence, elles n'en ont jamais commis ; hélas ! combien de fois sommes-nous tombés dans le crime.. Ne servons-nous donc pas le même Dieu ? N'avons-nous pas le même évangile ?. N'aspirons-nous pas au même ciel ? Est-ce que nous prétendrions y arriver par une voie opposée à la leur ?

« Tous frappant alors leurs poitrines, retournèrent dans leurs maisons, pour y pleurer leurs fautes et faire pénitence de leur vie. »

Le sang avait pu couler à flots pendant la dernière moitié du XVIe siècle, les sectaires se plaire à répandre l'erreur et à faire de tristes victimes, les églises et les couvents tomber par milliers sous les coups du fanatisme protestant, cependant la foi n'était pas éteinte dans les âmes, et le XVIIe siècle allait être fécond en œuvres et en hommes.

Son plus beau titre au respect de la postérité est sans contredit le nombre de ses saints : c'est là son insigne auréole, le secret de sa force, le ressort caché de sa puissance ; et parce que la France fournit un plus grand nombre de membres, que les autres nations catholiques, à cette phalange d'élus, elle ne tarde pas à obtenir sur tous les peuples de la terre une prépondérance incontestée.

Le Dauphiné devait avoir sa part de cette mission glorieuse. Au XVIe siècle, il n'était qu'un vaste champ de bataille où les catholiques et les protestants se prenaient au corps et s'entre-tuaient. Au XVIIe siècle, il devint un foyer de sainteté. Chaque année fournissait sa moisson ; chaque jour avait sa gerbe ; chaque ville, chaque bourgade, ses familles saintes, qui par groupes et par tribus montaient à la maison du Seigneur. Quatorze monastères s'ouvrirent seulement à Grenoble, de 1606 à 1671, et les âmes qui les peuplaient étaient des plus viriles, des plus humbles, des plus pures [1].

Messieurs de Grolée, de Virieu, du Passage, de Bons, de Bardonenche, de Sautereau, de la Poëpe... se revêtaient de l'humble habit des Capucins [2]; tandis que Mesdames de Gauteron, de Sassenage, de Chabons, de Galles.... demandaient comme une faveur à porter celui de clarisse.

Étrange mystère! Le Dieu devant lequel « les nations paraissent être comme une goutte d'eau dans un vase, comme un grain de sable dans une balance, comme si elles n'étaient pas [3]; » se plaît à recevoir l'encens de ces humbles de cœur, et pour sanctifier chacune de leurs âmes, dans la solitude du cloître, il se donne tout entier :

[1] 1606 — Les Ursulines, — 1610 — Les Capucins, — 1613 — les Minimes, — 1618 — La Visitation de Sainte-Marie d'en-Haut, — 1623 — les Augustins, — 1624 — les Bernardines, — 1644 — les Carmes, — 1648 — la Visitation de Sainte-Marie d'en-Bas, — 1649 — les Carmélites, — 1651 — les Jésuites, — 1652 — les Récolets, — 1661 — les Pères de la Charité, — 1666 les Hospitalières, — 1671 — L'Oratoire.

[2] Histoire manuscrite de la fondation du monastère de Romans.

[3] Isaïe, XL, 15.

« Tout est à vous, peut leur dire l'apôtre, âmes prédestinées, tout est à vous, soit le monde, soit la vie, soit la mort, soit le présent, soit l'avenir, tout est à vous, mais vous au Christ et le Christ à Dieu.

En effet, tout est à elles, et tout par elles retourne à Dieu. »

Au XVIIe siècle, l'humble portière des clarisses de Grenoble a, sur le Cœur divin, un merveilleux empire. Elle aime les pauvres. Elle reconnaît en eux la personne immolée de son Seigneur, et lorsqu'ils viennent lui demander des secours, elle s'agenouille pour leur répondre. Tous ceux qui se présentent reçoivent, et les sœurs qui l'assistent seraient surprises de sa profusion, si elles ne savaient qu'entre ses mains, le pain de l'aumône ne s'est jamais épuisé. Or, le vieil annaliste [1], rapporte, qu'un jour, où la charitable portière quittait son poste toute joyeuse, parce qu'elle croyait avoir satisfait à tous les besoins, voire même à tous les désirs, elle fut rappelée soudain à la porte, par un coup de sonnette. C'était un pauvre. Elle n'avait plus rien à donner : — « Eh ! mon

[1] Auteur d'un manuscrit sur la fondation du monastère des clarisses de Romans. Son nom nous est inconnu.

Sauveur, se prit-elle à dire, en pleurant, puisque vous voulez vous humilier jusqu'à me demander, que ne mettez-vous entre mes mains de quoi vous donner ? » Dans sa douleur, elle ne se méprenait pas. Le pauvre disparut sans qu'on pût savoir où il avait été, et l'abbesse, Mme de Gauteron, resta convaincue que c'était l'ange du Seigneur, venu pour recevoir, non l'aumône du couvent, mais le soupir de regret de la charitable sœur, qui n'avait plus rien à donner que sa compassion.

Tandis que la porte du monastère de l'Ave-Maria était ainsi gardée, les plus bas offices de la cuisine étaient confiés à la sœur de Sassenage, et elle s'en acquittait avec une humilité, un dévouement, une abnégation qui ne faisaient pas seulement l'admiration des anges, mais aussi celle des hommes.

La parente d'une religieuse étant au parloir, demanda à l'abbesse, à quoi s'occupait la sœur de Sassenage? — « Tantôt, elle pétrit notre pain, répondit l'abbesse, tantôt elle prépare les légumes pour le repas de la communauté, tantôt encore elle lave la vaisselle ... ! » — « Quoi, » interrompit la visiteuse, en s'adressant à madame de Sassenage qui était également au parloir, « Quoi, Madame, vous vous ravalez ainsi ? » — « Tout est grand, dans cette maison, reprit l'humble clarisse en souriant, parce que tout s'y fait pour Dieu, et que tout ce qui se fait pour un aussi grand Seigneur ne déroge point à la noblesse[1]. »

L'esprit de pauvreté ne régnait pas moins dans ce monastère que l'esprit d'humilité. Un jour qu'on parlait à la sœur de Sassenage, de la petitesse des cellules que les capucins faisaient construire : — « Il n'en faut pas plus, dit-elle, pour nous comme pour eux ; aussi bien, ne regardons-nous nos chambres que comme des sépulcres où toute vue étrangère nous est interdite ; nos fenêtres ne sont barrées à la hauteur de la terre que pour forcer les yeux de notre âme à regarder le ciel ! »

Ces filles de Jeanne Baile étaient obéissantes comme leur mère aux desseins du Seigneur, et leur cœur acceptait tous les sacrifices que leur imposait son amour, quels qu'ils fussent. Le 11 août 1620, le pape Paul V, en autorisant la fondation d'un monastère de clarisses à Romans, y nomma pour abbesse sœur Louise de

[1] Manuscrit de Romans.

Costaing, le bras droit de Mme de Gauteron, abbesse de celui de Grenoble.

Ce fut un coup de foudre pour Mme de Gauteron. Elle ne s'en plaignit pas. Aussitôt qu'elle eut reçu l'ordre pontifical, elle conduisit au chœur les religieuses qui avaient été désignées, et après quelques minutes passées en la présence de Dieu, leur dit avec une énergie qui leur révéla son âme, tout à la fois, brisée de douleur et victorieuse. — « Comment, mes sœurs, voici des années que nous portons le joug du Seigneur et nous ne serions pas prêtes à accomplir ses ordres...? »

Ces véritables religieuses, mesdames de Costaing, de Tremolet, Fabry et de Sassenaeg étaient prêtes à toutes les séparations, et quelques jours après se mettaient en route pour Romans. Il n'était qu'un trésor qu'elles n'avaient pu complètement abandonner : c'était les ossements de leur bien-aimée mère, aussi Mme de Gauteron en avait-elle détaché la mâchoire inférieure et la leur avait-elle donnée. Ce fut à la suite de cette relique qu'elles entrèrent dans leur nouveau monastère et en prirent possession ; et lorsque les difficultés de leur installation, les peines de l'exil, les angoisses de la pauvreté montaient trop vives à leur cœur, elles allaient prier cette mère dont les sollicitudes et la tendresse ne leur faisaient jamais défaut.

La sœur Catherine Fabry ne survécut que peu de temps à cette séparation : elle mourut, et son corps quoique inhumé entre deux lits de chaux vive, ne se décomposa pas.

Quant à la mère de Costaing, son agonie fut douce et heureuse : aux sœurs qui lui demandaient si elle souffrait, elle répondait avec un sourire : — « Mes chères sœurs, on sent bien peu son mal et on est bien servi dans ses maladies, quand on a Dieu lui-même pour infirmier ! » A l'aumônier, qui lui manifestait son étonnement la trouvant si joyeuse : « Mais, mon père, disait-elle, pourrais-je ne l'être pas ? Dieu nous a créés pour l'aimer. Où m'acquitterai-je le mieux de cette obligation que dans le ciel, où par une douce nécessité je lui serai unie sans qu'un autre objet puisse occuper mon cœur [1]. »

Elle seule cependant était joyeuse et les Sœurs priaient en pleurant autour de son lit. L'aumônier le lui fit remarquer : — « Hélas !

[1] *Histoire de la fondation du monastère des clarisses de Romans.*

reprit-elle, pourquoi sont-elles tristes ? s'affligeraient-elles de mon bonheur...? »

Ainsi pouvaient mourir ces religieuses qui après avoir imité Jeanne Baile pendant leur vie, étaient soutenues par elle au moment de la mort.

Mais, ce n'était pas seulement au moment de la mort qu'elle les aidait, c'était en tous temps et spécialement aux heures de l'épreuve.

En 1687, une religieuse du monastère de l'Ave-Maria, malade depuis cinq longs mois, tomba dans un état léthargique compliqué d'étranges convulsions. Son gosier se resserra, et bientôt il lui fut impossible d'avaler une seule goutte d'eau ; les sœurs, les médecins et le chirurgien[1] qui la soignaient, ne s'attendaient plus qu'à la voir mourir, lorsque sur ses instances, on alla chercher le chef de sa vénérée mère. A peine était-il déposé sur son lit,qu'elle se trouvait guérie instantanément.

Les clarisses des monastères les plus lointains demandaient secours et protection à la bienheureuse abbesse, avec la même confiance que ses filles du monastère de l'Ave-Maria:

[1] MM. Monin père et fils, M. Chappat.

une religieuse d'Amiens, étant malade et ne pouvant marcher depuis six ans, fit une neuvaine et ne l'eut pas plus tôt achevée que Jeanne Baile l'exauçait.

Lorque les malades étaient éloignés de Grenoble et dans l'impossibilité d'y être conduits, des linges ou des vêtements déposés sur ces précieux restes en communiquaient la vertu : témoin, ce jeune homme, fils de M. de Ruynat, qui atteint d'une fièvre très forte était au moment de mourir. On le revêtit d'une chemise déposée sur les ossements de Jeanne Baile ; à l'instant, il se trouva mieux et ne tarda pas à se lever....! Et cette femme de Villeneuve, grièvement malade, à laquelle on fit toucher un linge qui également avait reposé sur le corps de la vénérable mère: aussitôt, vive et alerte, elle sortit de son lit, comme si elle n'avait jamais éprouvé aucune souffrance[1].

Les auteurs anciens rapportent dans la vie de saint Ephrem, que ce glorieux moine, prêt à paraître devant Dieu, constatait avec bonheur qu'il n'avait rien à léguer à ses fils, « ni un bâ-

[1] Feuilles manuscrites, appartenant aux clarisses de Valence copiées sur les registres du monastère de l'Ave-Maria de Grenoble.

ton, ni une besace, mais seulement des conseils et des prières...» Mortifiée et pauvre comme lui, Jeanne Baile n'avait laissé à ses filles que des « conseils et des prières; » mais, par un privilège réel et incontestable, la miséricorde du Seigneur y avait ajouté les grâces mystérieuses qui s'échappaient sans cesse de son cercueil.

Pour les Clarisses et le peuple dauphinois, ces miracles de leur mère et de leur patronne, se renouvelant sans cesse depuis près de deux siècles, étaient la preuve de sa puissance, et chacune des guérisons opérées par son secours augmentait la confiance qu'on avait en son intercession. « Tous les ans, au jour de sa mort, il se faisait dans l'église du monastère de l'Ave-Maria un concours extraordinaire, » écrit le P. Fahy[1]. On exposait sa tête à la dévotion du peuple, » dit Guy Allard[2]; « car, ajoute Guy Basset[3], « ce peuple avait ces reliques en singulière vénération. »

Quels ne furent pas la stupeur, l'émotion, le

[1] *Des religieuses de la province de Saint-Bonaventure.*
[2] *Dictionnaire du Dauphiné.*
[3] *Recueil des notables Arrêts...*

courroux de la foule, lorsqu'au lendemain d'une visite faite aux pauvres clarisses [1], et à la veille de ce 30 juillet, fêté depuis tant d'années avec un si grand amour, Mgr. Le Camus, évêque de Grenoble, interdit son culte et défendit aux religieuses d'exposer son chef[2].

Les filles de Jeanne Baile durent recevoir avec douleur, mais avec soumission, l'ordonnance épiscopale, car l'annaliste ne nous en parle pas ; mais le peuple ameuté ne sut pas contenir son indignation. « Il courut tumultueusement à l'évêché, demandant à grands cris, à Monseigneur Le Camus, qu'il révoquât sa défense [3]. »

Ce grand évêque dont le diocèse vénérait la sainteté, que toute la France admirait comme l'un de ses plus zélés, plus austères, plus éclairés, plus vigilants apôtres, que Rome enfin allait élever au cardinalat, ce grand évêque, dis-je, incapable de capituler avec sa conscience reconnut les droits du peuple à ce culte

[1] Note n° IV.

[2] *Manuscrit du P. Fahy.*
Mémoire historique inédit des religieuses de Sainte-Claire de Grenoble, extrait des archives de ce célèbre monastère. *Bibliothèque de Grenoble.*

[3] *Idem.*

vénérable et retira sur-le-champ l'ordre qu'il avait donné [1].

La fondatrice du monastère de l'Ave-Maria de Grenoble, n'avait pas été béatifiée canoniquement par l'Église, mais son culte dont « *l'existence était connue et tolérée,* » depuis deux siècles, par les évêques qui s'étaient succédé sur le siège de Grenoble, « *pouvait être selon les décrets du pape Urbain VIII, continué dans la mesure où il avait été pratiqué pendant ce long espace de temps* [2]. »

[1] Mgr. Le Camus fut promu au cardinalat en 1686. Il visita le monastère de Sainte-Claire le 3 avril 1683. —
[2] Benoit XIV. *De Beatific.*, lib. I, Cap. 37.

XIII

LES FILLES DE JEANNE BAILE

1500-1800.

« Nos mères de Grenoble n'ont rien écrit concernant leur vie et leurs œuvres. Ne les accusons pas cependant de négligence ; disons plutôt que s'étant familiarisées avec les plus grandes pratiques de vertus, elles s'honoraient et s'estimaient réciproquement, sans penser aux raisons qu'elles en avaient. »

C'est ainsi que l'auteur du manuscrit de la fondation des Clarisses de Romans explique le silence des religieuses de Grenoble. Nous ne pouvons que le regretter extrêmement, car il nous faut recourir aux quittances, aux délibérations de la communauté, aux registres des professions ou des décès, pour retrouver quelques noms d'abbesses et quelques lambeaux d'annales.

Déjà, nous avons signalé Sœur Henriette Gaulterette, appelant sur ses vingt-quatre filles, *toutes au lit et malades,* les aumônes des consuls.

Sœur Catherine de la Colombière nous paraît venir ensuite : abbesse, en 1538, elle signe encore en 1540, une quittance de 100 livres, accordées aux Clarisses par lettres patentes du roi François Ier.

Sœur Élisabeth de la Colombière est abbesse en 1562.

Sœur Antoinette de Fossans, en 1570.

Sœur Catherine de Salles, en 1584.

Au XVIIe siècle, de 1618 à 1630, c'est l'énergique sœur Antoinette de Gauteron qui gouverne le monastère de l'Ave-Maria. Avant elle, le pape Paul V, par sa bulle *Apostolici muneris*, avait accordé à ce monastère la possibilité de posséder quelques biens meubles et immeubles [1]; mais il ne paraît pas que cette permission ait été reçue comme une faveur.

[1] « Ce fut le P. Fodéré qui obtint cette bulle en 1615. » Le P. Fahy.

car en 1683, Mgr Le Camus constate que ce « monastère n'a ni abbaye, ni prieuré; qu'il est très pauvre et ne vit que d'aumônes, selon la règle de Saint-François dont les Religieuses font profession [1]. »

L'abbesse Antoinette de Gauteron meurt et Sœur Claire Monier de Rochechinard lui succède, vers l'an 1650 : les préoccupations et les angoisses ne manquent pas plus à son gouvernement que les miséricordes du Seigneur.

En 1651, ce sont les eaux de l'Isère qui, grossies par la fonte des neiges, inondent la ville. Bientôt elles auront atteint le premier étage du monastère. Le P. Martin, confesseur, prend le S.-Sacrement, et suivi des religieux et des religieuses qui chantent des hymnes, le porte au sommet des bâtiments, et de là, bénit les eaux. Quelques heures après, elles commençaient à se retirer [2].

[1] Note n° III.

[2] « Plusieurs personnes séculières et entre autres M. le président de La Coste, remarquèrent que dès que le P. Martin eut donné la bénédiction sur les eaux, qui allaient toujours en croissant, elles demeurèrent calmes et cessèrent de monter. Peu d'heures après, elles commencèrent à se retirer. » Le P. Fahy.

En 1665, l'hiver est froid et les Clarisses ne peuvent se préserver de ses rigueurs; sept d'entre elles succombent, victimes également de leur attachement à la règle et de leur pauvreté [1].

L'année suivante, Sœur Marguerite Basset de S.-Nazaire est nommée abbesse. Sous son gouvernement, Mgr Le Camus intervient dans les affaires du monastère de l'Ave-Maria et descend avec une charité admirable jusqu'aux plus minimes détails de l'administration des humbles Clarisses.

Elles s'étaient adressées à Sa Sainteté, Clément XI, afin de savoir si leurs Sœurs Converses du voile blanc étaient réellement religieuses; si étant religieuses et faisant les mêmes vœux, elles devaient porter le voile noir et avoir au chapitre voix délibérative; si leurs travaux pénibles les laissaient soumises à toute la rigueur des jeûnes, au coucher sur la dure, à la discipline, etc....

Son Éminence Mgr Carpegna avait répondu au nom de la Sacrée Congrégation des Cardi-

[1] Guy-Allard. *Description historique de la ville de Grenoble.*

naux préposée aux affaires et aux consultations des Évêques et des Réguliers : 1° que les Sœurs Converses étaient réellement religieuses et obligées aux quatre vœux solennels de pauvreté, de chasteté, d'obéissance et de clôture perpétuelle; 2° qu'il ne fallait rien changer à l'usage du voile blanc, que toutes les converses avaient coutume de porter dans les Ordres religieux, tels que Sainte-Ursule, la Visitation de Sainte-Marie, Saint-Benoît, Saint-Bernard Qu'il ne fallait pas davantage les admettre à donner leurs voix au chapitre; que quant aux dispenses à accorder aux converses dont les travaux étaient plus pénibles que ceux des religieuses de chœur, la Sacrée Congrégation s'en remettait à la sagesse et à la prudence de de Mgr Le Camus, l'autorisant à charger l'abbesse ou le supérieur d'user de condescendances à l'égard des sœurs, en diminuant quelque chose de leurs pratiques et observances...

Mgr Le Camus se rendit, le 18 août 1703, au monastère de l'Ave-Maria, fit assembler les religieuses, leur notifia la réponse du cardinal Carpegna et transmit à l'abbesse Marguerite Basset de Saint-Nazaire, ou, à son défaut, à la mère Vicaire, le pouvoir de dispenser les Sœurs converses des austérités de la règle, lorsque ces austérités les empêcheraient de vaquer aux travaux pénibles auxquels elles étaient soumises par leurs emplois. Le pieux cardinal ordonna aux converses, lorsqu'elles useraient des dispenses accordées par leurs supérieures, de réciter cinq fois l'oraison dominicale et la salutation angélique [1].

Ainsi, arrivait de Rome et était reçu au monastère de l'Ave-Maria, *le commandement*, cette *lampe*, *la loi*, cette *lumière*, dont le merveilleux effet est de maintenir les âmes dans *la discipline, cette voie de la vie* [2].

Sœur Marguerite Basset de Saint-Nazaire mourut en 1706, après avoir gouverné la communauté cinquante ans, et l'on pourrait dire de cette femme ce que saint Augustin disait de sa mère, mourant sur la grève d'Ostie : « Tous ceux qui la connurent vous louaient, ô mon Dieu, vous glorifiaient, vous chérissaient en elle, parce qu'ils sentaient votre présence dans son cœur, attestée par les fruits de sa vie.

[1] « Ces bonnes Sœurs ne se servent point des dispenses obtenues par Mgr Le Camus ; » écrivait quarante ans après le R. P. Fahy.

[2] Proverbes VI, 23.

La sœur Madeleine Charonier succéda à la sœur Basset de Saint-Nazaire, et les fruits ne manquèrent pas davantage à sa vie. Mais comme l'eau prend la forme des vases dans lesquels on la répand, ainsi la grâce prend en nous diverses formes selon les conditions naturelles que nous offrons à son action. Sous le gouvernement de la sœur Basset de S.-Nazaire, la position des converses avait été établie et délimitée; par les soins de la sœur Charonier, l'église fut réparée, le chœur des religieuses agrandi, le maître-autel renouvelé et placé sous le vocable de saint Antoine de Padoue.

Elle gouvernait encore, lorsqu'au mois de février 1730, le R. P. Escalle, Ministre provincial des Mineurs Conventuels, étant venu à Grenoble, fit la visite canonique du monastère de l'Ave-Maria.

Ce fut à la sacristie que les reliques de la chère fondatrice durent lui être montrées. Il les vénéra avec respect, fit dresser un procès-verbal où elles furent soigneusement énumérées, et scella les boites qui les contenaient de son sceau et de celui du monastère :

« Dans la plus longue des boîtes, est-il dit au procès-verbal, il y a treize os qui nous ont paru être de la jambe, de la cuisse et du bras, lesquels sont tous dans leur entier, et un quatorzième dont il n'y a que la moitié; tous enveloppés dans un taffetas de couleur verte.

« Dans la moyenne, il y a trente-quatre os de différentes grosseurs, dont deux nous ont paru être de l'épaule, et les autres pour le plus grand nombre de l'épine du dos.

« Dans la plus petite, il y a cinquante et un os de différentes grosseurs, parmi lesquels cependant il y a plusieurs esquilles.

« Dans la quatrième, revêtue d'un velours bleu au dehors, ornée sur les bords d'une dentelle d'argent, ouverte au-dessus et fermée par une glace, tendue à l'intérieur d'un taffetas cramoisi, est la tête de ladite sœur Jeanne, réputée bienheureuse et sainte, laquelle est attachée au-dessous par un cordon couleur d'or [1].

Madame la présidente du Faure n'allait pas tarder à enfermer ce chef vénérable dans un reliquaire d'argent, ciselé avec art : pieux témoignage de sa reconnaissance, pour une faveur signalée, que la Bienheureuse Jeanne lui avait obtenue.

[1] Note n° V. L'original de cette pièce appartient aux Clarisses de Valence.

Le 27 mars 1730, sœur Madeleine Charonier expirait et sa charge était imposée à sœur Élisabeth de Chaboud. Mais cette Religieuse, âgée et infirme, n'était pas de force à la porter. Elle donna sa démission, en 1734, et mourut le 20 janvier 1740, après avoir passé soixante-douze ans au service du Seigneur.

Sœur Angélique Dumas de Félizat vint ensuite. Appelée jeune encore au plus sacré des ministères qui est de coopérer avec Dieu au salut des âmes, elle comprit son impuissance et s'appliqua énergiquement à anéantir ce qui pouvait lui rester d'imparfait et d'humain; aussi, ne tarda-t-elle pas à exhaler, comme le demande saint Paul, une odeur divine et à porter en tous lieux, au parloir comme au chœur ce parfum du Christ qui se communique aux âmes et les pénètre de suavité et de force[1].

Elle était abbesse, lorsque le P. Brydaine vint donner à Grenoble cette mission dont les souvenirs ne sont pas éteints. Une procession gé-

[1] Malgré les souffrances et les privations auxquelles les inondations (il y en eut trois en sept ans), et la disette, la condamnèrent, elle et ses filles, elle put renouveler les ornements de la sacristie et faire creuser des caveaux sous l'église, devenue fort humide. — Le P. Fahy.

nérale et une plantation de la croix devaient en terminer les exercices ; les filles de Jeanne Baile, victimes liées à l'autel de leur sacrifice, seraient restées étrangères à ce triomphe de la foi, si Mgr. de Caulet évêque de Grenoble, n'eût proposé au missionnaire d'y faire porter la sainte épine, que leur avait donnée Mgr. de Saint-Marcel d'Avançon et qu'on vénérait dans leur église[1].

Toutes alors se réunirent pour orner l'ange qui devait la soutenir sur sa poitrine et le brancard, tendu de draperies, sur lequel allait être déposé cet ange. Toutes également chantaient des hymmes, quand le 26 avril 1739, la procession passa devant le monastère et ouvrit ses rangs pour recevoir la précieuse relique. Les registres du couvent nous donnent *l'ordre de sa marche*, dans ce triomphe.

Des prêtres vêtus de la chappe et des dalmatiques, faites naguère avec le manteau royal de Charles VIII, la précédaient; elle était entourée de douze ecclésiastiques vêtus d'aubes et d'écharpes, agitant des encensoirs, et portée par huit religieux qui se relevaient tour à tour.

[1] Elle est maintenant à la cathédrale de Grenoble.

Ce fut devant l'évêché que la foule fut conduite, car c'était là que devait être plantée la croix; mais l'annaliste du monastère ne nous dit rien du moment si rempli d'émotion où le signe de notre salut traversa les rangs, soutenu par douze jeunes gens, aux pieds nus, à la tête couronnée d'épines... il ne relate pas davantage les paroles enflammées du pieux missionnaire, *laissant la croix* à ceux qu'il avait évangélisé et *les laissant à la croix*[1], comme la seule offrande digne de ce Sauveur qui y avait été attaché.

L'abbesse Angélique Dumas de Félizat mourut le 24 septembre 1772, après soixante et seize ans de vie religieuse. Jusqu'à la fin de sa longue carrière, elle fut pour ses sœurs le modèle le plus parfait « de toutes les vertus qui font les saintes religieuses et les grandes supérieures[2]. » Quarante-huit clarisses, cloitrées ou converses, avaient reçu le voile de ses mains.

Sans doute, elle était aidée pour leur formation intérieure, ainsi que l'avaient été les

[1] Divisions du discours prononcé au pied de la croix par le P. Brydaine.

[2] Procès-verbal de son inhumation faite par le R. P. Greyssolon, confesseur du monastère de l'Ave-Maria. — *Arch. de l'Isère.*

abbesses, ses mères, par les aumôniers qui se succédaient au monastère de l'Ave-Maria[1]. Par ce R. P. Félix Fradet dont la vie et la mort furent si saintes et dont la foule suivit les obsèques comme si elles eussent été celles d'un roi ; par ce P. Augustin Bulle qui, si longtemps travailla à raviver dans ces âmes ardentes et pures, les flammes de l'amour céleste ; par ce P. Antoine que la Révolution devait trouver fidèle et dont ses contemporains ont pu dire : « Beaucoup de saints ont été formés par ses exemples, mais aucun ne l'a égalé dans sa perfection[2]. »

Sœur Jeanne Saint-Ange de Morard de Galles-la-Bayette succéda à l'abbesse Angélique Dumas de Félizat. Elle était âgée de cinquante et un ans quand elle fut appelée à prendre la direction des clarisses, et comme ses devancières elle n'avait au cœur que l'unique

[1] « Ces religieuses ont eu souvent pour directeur des religieux distingués. On peut citer le Portugais Jacques Suarès, attaché à leur communauté sous le règne de Henri IV, appelé par ce roi à la cour et nommé à l'évêché de Séez... » — Voici les noms de quelques-uns de ces directeurs : Le P. Jacques Fodéré ; Le P. Charles Bellet, docteur de Sorbonne ; Le P. Genoud ; Le P. Decroso ; Le P. Fahy ; Le P. Chapuis... etc...

[2] S. Cassien, parlant de S. Eucher.

but de se sanctifier pour Dieu, désirant que Dieu la sanctifiât pour ses filles.

Mais tandis que nous considérons avec un tendre respect, cet heureux monastère de l'Ave-Maria, où les traditions de la vénérable Jeanne se perpétuent depuis trois siècles, où les infirmes accourent demandant leur guérison, où les pauvres vont partager le pain de l'aumône, où d'héroïques jeunes filles arrivent, confiantes et joyeuses, ne reculant devant aucune épreuve ni devant aucune immolation ; l'ère des persécutions se rouvre soudain, et ce n'est plus sous leurs paisibles cloîtres, ni près du corps de leur première abbesse, que nous allons rencontrer désormais les humbles clarisses, mais devant les tribunaux de la justice, au sein des prisons, ou livrées à toutes les rigueurs de la faim dans de misérables réduits.

Vingt et une professes de chœur,

Cinq converses cloîtrées,

Douze tourières occupées aux quêtes, composent cette communauté à l'heure sombre où l'Assemblée nationale croit pouvoir décréter l'abolition des vœux monastiques[1] : comme s'il

[1] 19 février 1790.

appartenait à un pouvoir humain d'anéantir une institution voulue de Dieu.

Voici les noms de ces religieuses :

Jeanne de Morard de Galles-la-Bayette. — *Sœur Saint-Ange* abbesse,

Anne Bergeron *S. Saint-André,*

Anne La Marche *S. Saint-Paul,*

Claude Brenier *S. Angélique*,

Marie-Thérèse Hébrail *S. Alexandre,*

Françoise de Morard de Galles-la-Bayette *S. Saint-Joseph,*

Jeanne-Marguerite Draillat *S. Euphrosine,*

Marie-Anne Camet *S. Saint-Laurent,*

Marie-Bibiane Lemaistre *S. Constance,*

Angélique Berthon *S. Saint-Victor*,

Jeanne-Geneviève Dorsois de Sautereau *S. Saint-Ambroise*,

Catherine Clappier *S. Saint-Michel,*

Eléonore Beyle *S. Saint-Etienne*,

Marie-Louise de Rostaing . *S. Christine*,

Rosalie-Eléonore Allemand de Montrigaud *S. Saint-Hilaire,*

Clémence Mure *S. Henriette*,

Marie-Madeleine Jolly *S. Louise,*

Marie-Olympe Chamoux *S. Olympe,*

Marguerite Duc *S. Angèle*,

Marie-Catherine Saulce S. *Saint-Ange,*
Laurence-Geneviève Bergeron S. *Françoise.*

Sœurs converses cloîtrées.

Charlotte Simian S. *Marie,*
Françoise Dussert S. *Saint-Bernard,*
Madeleine-Françoise Brenier S. *Saint-Jean,*
Marie-Anne Avénier S. *Marianne,*
Jeanne-Marie Roland S. *Jeanne-Marie.*

Sœurs Tourières destinées aux quêtes.

Anne Viallet S. *Marguerite,*
Emérantianne Blanc S. *Thérèse,*
Anne Zannelli S. *Félicité,*
Elisabeth Bourdis S. *Cécile,*
Rose Liotard S. *Rose,*
Louise Lombardie S. *Adélaïde,*
Dominique Buisson S. *Victoire,*
Marie-Madeleine Bonniot S. *Julie,*
Madeleine-Henriette Sage S. *Henriette,*
Marie Blanc S. *Hippolyte,*
Françoise Philisgriat S. *Joséphine,*
Elisabeth Bourguignon S. *Dorothée*

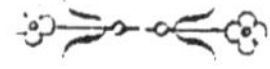

XIV

LA RÉVOLUTION

1790-1819.

« Les torrents de lave que vomissent le Vésuve et l'Etna se sont toujours arrêtés et détournés devant la demeure que les Camaldules et les Bénédictins s'étaient choisie sur les flancs de ces redoutables cratères ; le volcan moral dont les éruptions ont ravagé le monde chrétien devait avoir moins de discernement[1] : » il allait tout détruire ; tout ensevelir dans une même ruine, le trône, l'autel et le monastère: ce chef-d'œuvre du cœur de l'homme s'élevant vers Dieu, ce chef-d'œuvre du cœur de Dieu s'abaissant vers l'homme.

A la suite du décret qui abolissait les vœux

[1] M. de Montalembert. — *Les Moines d'Occident.*

monastiques parurent des lettres patentes [1], stipulant le traitement de ces religieux auquels le gouvernement enlevait leurs biens. Du nord au sud de la France, en un instant, la spoliation et le pillage s'organisèrent, et comme pour légitimer le vol du pouvoir, chaque couvent fut chargé de faire la déclaration des biens qui lui étaient enlevés: de ces biens, l'offrande des fidèles, le patrimoine des pauvres, la rançon des âmes.

« Les Clarisses de Grenoble ne possédaient qu'un petit domaine situé *aux Granges*, dans la banlieue de la ville, et quelques pensions ou rentes, s'élevant à 2,700 fr. sur lesquelles il fallait prélever les charges imposées par ces pensions, les tailles, les vingtièmes, l'entretien des bâtiments et les dépenses du culte [2].. » Leur unique ressource consistait donc dans les quêtes [3];

[1] 26 février 1790.

[2] M. Pilot. — *Notice sur l'ancien monastère de Sainte-Claire de Grenoble.*

[3] L'abbesse l'écrivait aux administrateurs du district : « Tous les articles contenus au présent mémoire sont la déclaration exacte et fidèle de toute espèce de revenus et de possession de notre communauté, qui jusqu'ici n'a vécu que d'aumônes mendiées de maison en maison, de ville et de campagne, par des sœurs au dehors du monastère, destinées et reçues pour implorer la charité des fidèles, pour nos subsistances les unes des autres, et

les quêtes ayant été frappé d'interdiction comme la jouissance des revenus et des biens, les clarisses se virent réduites, dès les premiers jours de l'année 1791, à la plus extrême indigence ; et les administrateurs purent constater un déficit dans leurs comptes de 1406 fr. 15 sous. Pour le combler, ils firent vendre les trois mulets et la charrette qui servaient aux sœurs dans leurs tournées : mais l'État n'y gagna rien, sinon la preuve de son impuissance à réparer le mal qu'il causait.

M. Réal, vice-procureur syndic du district obtint quelques secours : — « Je ne vous dissimule point, lui écrivit l'abbesse, que ces deux sommes sont venues très à propos, pour nous aider à payer cinquante-deux carteaux de bled qu'il nous fallut acheter 4 fr. samedi de la semaine passée et l'envoyer de suite au moulin ; nous sommes (l'on ne peut guère l'être plus) dé-

aider à celle des aumôniers qui acquittent les fondations. En foi de quoi nous signons, ce 30 décembre 1790:

Sœur Jeanne S.-Ange de Morard de Galles abbesse du monastère de Sainte-Claire de Grenoble.

Sœur André Bergeron, vicaire,
Sœur Alexandre Hébrail,
Sœur Emilie Ambroise d'Orsay Sautereau.

Déclaration des revenus et dettes du monastère de Sainte-Claire de Grenoble. Arch. de l'Isère.

pourvues de provisions alimentaires et d'argent pour nous en procurer. Depuis nombre d'années, les quêtes rendaient peu.. Les voilà supprimées ; cependant les besoins de la vie renaissent chaque jour. La maison se trouve chargée d'un dehors nombreux, en la personne des sœurs, qui, aujourd'hui, ne peuvent être utiles qu'à elles-mêmes et non à la communauté, selon l'institution de leur état ; et dans la communauté, il existe nombre d'infirmes dont la triste et dangereuse position exige des soins particuliers et pénètre de compassion. Il faut cependant, Monsieur, que tout le monde puisse vivre, saines, malades et déjà vieilles. Nous sommes toutes précieuses les unes aux autres... Soyez notre médiateur, je vous prie, auprès des administrateurs ; faites-leur entendre les besoins des pauvres filles de Sainte-Claire pour en avoir un morceau de pain [1] !... »

Des inventaires minutieux allaient enregistrer au profit de l'état le moindre ustensile appartenant aux communautés ; ordre donc avait été donné aux supérieurs de déclarer « qu'ils n'étaient détenteurs d'aucune somme et n'a-

[1] 22 janvier 1791. Quelques mois après les pensions des religieuses étaient fixées à 300 fr. et à 150 fr.

vaient partagé aucun effet appartenant à leurs maisons[1]. » L'abbesse des Clarisses écrivait encore : « J'ai l'honneur de vous envoyer, Monsieur, le certificat exigé par les décrets ; nous le donnons de grand cœur ; le simple nécessaire subsistant chez nous, leur caducité et leur peu d'importance n'admettaient pas la tentation d'un profit particulier et personnel, ni dans les religieuses, ni dans moi ; aussi, n'avons nous rien ni les unes ni les autres, que la pauvreté !.. »

Quelle déclaration à faire à ces calomniateurs de la vie monastique, à ces sophistes du XVIIIe siècle qui, après avoir écrit leur doctrine avec le venin du mensonge devaient en signer les conclusions avec du sang.

La loi constitutionnelle laissait aux religieuses la liberté de rester dans leur monastère ou d'en sortir. Les clarisses préférèrent la vie commune, ses mortifications, ses privations, ses joies : et elles y eussent goûté quelques

[1] Voici le texte même de cette déclaration : « Nous déclarons n'avoir pris, ni reçu aucune somme, ni partagé aucun effet appartenant à notre maison, autres que ceux dont la libre disposition nous est laissée. Fait à Grenoble, dans notre monastère. Le.... »

mois encore d'une paix relative, si les voix discordantes du dehors ne fussent venues les troubler.

Déjà les églises de Notre-Dame, de Saint-Louis, de Saint-Joseph, étaient devenues la proie du clergé constitutionnel ; et MM. Brochier, Ray, Gigard, Rambaud, de Lagrée, Sadin... tous ces vénérables représentants de Mgr Dulau d'Alleman, exilé pour la foi, n'eussent eu aucun autel pour y célébrer les saints mystères, si la chapelle du monastère de l'Ave-Maria, et celles des Visitandines, des Carmélites, des Ursulines, des Bernardines et de la Propagation, ne leur eussent été ouvertes comme un refuge. Les âmes fidèles accoururent à la suite des ministres du Seigneur, heureuses d'obtenir encore quelques paroles d'espérance et de pouvoir échauffer leur foi au contact de celle de ces prêtres.

Ce pieux concours émut le Directoire du département ; il le jugea attentatoire à la tranquillité publique et ordonna que « le corps municipal de Grenoble se transporterait sans délais au Verbe-Incarné, à Sainte-Ursule, à Sainte-Claire, à Sainte-Cécile, au Carmel, à la Propagation, pour vérifier ceux de ces couvents dans lesquels il existait des oratoires intérieurs, examiner les moyens d'en établir dans ceux qui en manquaient, faire fermer et sceller les portes des chapelles et en remettre les clefs à la mairie.... »

Le 9 juillet 1791, cette mesure reçut son exécution, et pendant quelque temps, la police put arrêter le pieux élan des fidèles. Mais, le 16 janvier 1792, les scellés furent trouvés brisés à la porte du monastère de l'Ave-Maria, et l'administration fut contrainte de revenir à la charge, de refermer la porte, d'enlever la clef.

Toutefois, elle ne put éteindre les ardeurs de charité qui s'élevaient du cœur des Clarisses, ni rompre le courant de vie catholique qui, depuis trois siècles, s'échappait de leur monastère. Nous en avons la preuve dans les plaintes réitérées des municipaux et dans les procès-verbaux des commissaires de police.

Leurs réclamations devinrent encore plus instantes au lendemain du 25 mars 1792. Deux sœurs tourières avaient été vues, ce jour-là, fermant le portail de leur couvent au moment où la procession de Saint-Jean et de Saint-Hugues allaient passer, et parce que plusieurs patriotes prenant cet acte pour un outrage au culte constitutionnel avaient voulu s'y opposer, les sœurs, fidèles à leur mandat, avaient repoussé les battants du portail[1].

Il n'en fallut pas davantage pour amener les autorités à ordonner : 1° que défense serait faite aux sœurs de souffrir désormais dans l'intérieur de leur couvent des réunions religieuses aux jours de dimanche et de fêtes ; 2° que les bâtiments occupés par les tourières et par les aumôniers seraient évacués pour être mis à la disposition des troupes.

Le mois suivant[2], l'église de Sainte-Claire dut également être abandonnée à la municipalité. Mais les soldats qui devaient y loger, étaient loin sans doute encore d'arriver à Grenoble, car les membres de la société populaire demandèrent au district d'y tenir leurs séances.

Le procureur syndic crut un instant pouvoir la défendre, en invoquant les droits de la liberté et de la justice, qu'il méconnaissait si bien lorsqu'il s'agissait de ses intérêts personnels. Il s'adressa donc au directoire du district[3] ; mais, dans ce conflit, la société populaire l'emporta,

[1] Note n° VI.
[2] 11 mai 1792.
[3] Note n° VII.

et l'église, fermée aux prières des fidèles s'ouvrit aux provocations haineuses, aux blasphèmes impies, aux projets insensés d'une foule en délire.

L'autel n'avait pas été enlevé ; une pique fut plantée, couronnée du bonnet rouge sur le tabernacle où pendant tant d'années avait reposé le Dieu trois fois saint, et les pauvres religieuses renfermées dans leurs cloîtres eurent à subir, comme au temps de Calvin, le retentissement douloureux de ces séances sinistres. Bientôt, il leur fut impossible de continuer leurs pieux exercices dans le chœur intérieur, dont les grilles s'ouvraient sur cette église si vite transformée en club patriotique. Pour y suppléer, elles établirent un oratoire dans le lieu le plus retiré de leur monastère [1] ; où les autorités qui, à Grenoble, en 1792, n'étaient pas hostiles, les eussent peut-être laissées vivre, si des ordres partis du sein même de la Convention, ne fussent venus atteindre ces humbles religieuses au fond de leurs cellules ; que dis-je, ne les en eussent arrachées, pour les jeter de

[1] *Notes sur les quatre premières années de la persécution religieuse à Grenoble, par un émigré.*

par ce monde sans protection, sans ressources, sans asile [1].

L'œuvre de spoliation, commencée en 1790, était achevée. Les fruits du sacrifice, les dons du repentir, les legs de la douleur, tout était tombé entre les mains des sicaires de la Révolution et allait alimenter, non les besoins publics, mais les haines, les avidités, les vengeances privées.

Les clarisses quittèrent le monastère de l'Ave-Maria, n'emportant avec elles que le mobilier de leurs cellules : ce pauvre grabat d'où elles

[1] Le décret relatif à l'évacuation des maisons religieuses est du 17 août 1792.

Le vice-procureur syndic du district de Grenoble en adressa un exemplaire à l'abbesse du monastère de Sainte-Claire, avec ces mots :

« 1er septembre 1792. »

« J'ai l'honneur, madame, de vous adresser un exemplaire de la loi du 17 août 1792, concernant les maisons de religieux et de religieuses. Quelque puissants que soient les motifs de cette loi, ce n'est pas sans regret que je vous en donne la communication, officielle, parce qu'elle ne peut être que très pénible pour vous et pour toute votre communauté; mais esclave de la loi, et de mon serment, je dois satisfaire aux devoirs de ma place et veiller à son exécution.

Veuillez cependant, Madame, agréer mes sentiments d'estime et de confiance. »

Le V. P. S. Giroud.

se levaient chaque nuit pour prier, cet humble banc de bois sur lequel elles s'asseyaient travaillant et méditant, cette couverture à demi usée qui ne les défendait qu'à grand'peine des froids de l'hiver... C'était là tout ce que la loi leur laissait.

Dieu permit cependant que le corps de Jeanne Baile échappât aux inventaires de l'administration comme naguère à la rage protestante. Quelques religieuses se chargèrent de le soustraire aux insultes et aux perquisitions, et le transportèrent dans le pauvre réduit où elles allaient attendre pendant de longs jours que le flot révolutionnaire eût passé [1].

La persécution ne pouvait pas se borner à proscrire et la Terreur qui plongeait Paris dans l'épouvante et dans le sang devait avoir à Grenoble un triste contre-coup.

Au mois d'avril 1793, Amat et Merlino commissaires de la République ouvrirent cette ère, tout à la fois douloureuse et glorieuse, et

[1] En 1815, nous retrouvons les reliques de Jeanne Baile entre les mains de sœur Marie-Anne Avénier, converse cloîtrée du monastère de l'Ave-Maria; mais lui furent-elles remises quand elle quitta le monastère ? Nous l'ignorons.

pendant les mois qui suivirent, des arrêtés se succédèrent sans cesse, ordonnant l'organisation des prisons, l'incarcération des suspects, les visites domiciliaires... Si la Terreur redoublait à Paris, elle ne tardait pas à redoubler en province, si elle se ralentissait dans la capitale, à Grenoble, elle paraissait se calmer.

L'impuissance et la faiblesse n'étaient pas de nature à désarmer les commissaires de la République, ces suppôts de Robespierre et de Marat, aussi les religieuses furent-elles condamnées comme les prêtres, comme les nobles, à la réclusion, en attendant que l'échafaud eût été dressé pour tous [1].

Ce fut en face de la guillotine que la Convention les assujettit au serment, ordonné par le décret du 14 août 1792. Le féroce Albitte vint alors à Grenoble épurer à nouveau les autorités ; il fit plus, il poursuivit dans leurs asiles les religieuses qui refusaient le serment, en leur imposant un acte d'abdication de leurs vœux plus coupable encore [2] : mais la plupart surent ré-

[1] Arrêté du 27 avril 1793.

[2] Acte d'abdication du vœu monacal des religieuses, exigé par Albitte.

« Je soussignée.. âgée de... née dans la commune de...

sister aux sollicitations du commissaire, comme à celles des municipaux. Nous en trouvons la preuve dans le compte décadaire des opérations de l'agent national du district de Grenoble, de Germinal an 2 : « Il a été mis en arrestation seize religieuses, écrit-il, çà été pour elles un jour de gloire et de triomphe ; les autres soupirent après le moment d'être fermées, de manière que la punition qui leur est infligée par la loi est pour elles une jouissance. »

Pourquoi l'administration épurée par les soins des commissaires et sans cesse soumise à leur sanction haineuse, laissait-elle ces femmes en liberté ? Écoutons encore l'agent national, s'adressant à son confrère du Monestier de Clermont : « Citoyen, la loi veut que les reli-

département de ... m'étant depuis 17... sous le titre de.. séparée de la société, convaincue des erreurs qui m'ont entraînée, je déclare en présence de la municipalité de... les abjurer à jamais, ainsi que toutes les faussetés, illusions et impostures par lesquelles j'ai été séduite en contractant des vœux auxquels je renonce. — Je jure de maintenir de tout mon pouvoir la liberté et l'égalité, l'unité et l'indivisibilité de la République démocratique, sous peine d'être déclarée suspecte et traitée comme telle.

Fait double et enregistré sur le registre de la municipalité de ... Le ... de l'an 2e de la République une, indivisible et démocratique, dont copie sera délivrée à la déclarante. »

gieuses qui n'ont pas prêté le serment soient mises en détention, et quand la loi décide, tu n'as pas besoin que je décide après elle ; si pourtant je ne t'ai pas répondu plus tôt sur ce point, c'est qu'en peine déjà de fournir le pain aux détenus et certain de trouver toujours les ex-religieuses réfractaires, l'administration a craint d'augmenter ses embarras en provoquant leur réclusion, et comme il n'est pas permis de composer avec la loi, ni avec le devoir, j'ai gardé le silence. Aujourd'hui que les maisons s'accroissent et que nos embarras pour les subsistances vont cesser, fais éxécuter la loi ; mais assure des secours à la commune de Grenoble, qui ne moissonne rien ni dans ses rues ni sur ses places[1].... »

Sans doute, les agents des districts firent exécuter la loi, car quelques semaines après, on comptait jusqu'à quatre-vingt-cinq religieuses[2] dans la seule prison de Sainte-Marie d'en Haut, et parmi elles huit clarisses :

Sœur Euphrosine Draillat,

Sœur Henriette Mure,

[1] Lettre du 2 messidor an 11. *Arch. de l'Isère.*

[2] Écrou de Sainte-Marie d'en Haut. — *Archives de l'Isère.*

Sœur Saint-Louis Jolly,
Sœur Bernard Dussert,
Sœur Jeanne-Marie Rolland,
Sœur Rose Liotard,
Sœur Henriette Sage,
Sœur Dorothée Bourguignon.

Toutes les principales familles de la province avaient des représentants dans cette phalange sacrée ; et on dirait, en parcourant les pages du registre d'écrou de Sainte-Marie, que ces femmes se sont données dans les prisons un saint et sublime rendez-vous : Joséphine de Virieu-Faverges [1] et Marie-Henriette de Villeneuve [2], Anne-Charlotte de Murinais [3] et Marie-Anne d'Antour [4], Marguerite de Ponnat [5] et Henriette de Lestang, [6] Justine-Angélique de Bardonenche [7] et Marie-Angélique de Jonc [8], Raymonde de Dolomieu [9] et Madeleine d'Argout [10].....

Quatre d'entre elles eurent l'insigne bonheur de mourir sous les verrous et de voir leur ca-

[1] Religieuse .de la Visitation. [2] Supérieure des Carmélites. [3] Supérieure de la Visitation de Sainte-Marie d'en Haut. [4] Dominicaine de Montfleury. [5] Dominicaine de Montfleury. [6] Dominicaine de Montfleury. [7] Visitandine. [8] Visitandine. [9] Visitandine. [10] Abbesse des clarisses de Vienne.

chot se transformer, selon la parole du martyr Revenaz, « en vestibule du ciel [1] ! »

Sœur Jeanne-Marie Rolland fut une de ces saintes victimes : elle était entrée à vingt-cinq ans au monastère de l'Ave-Maria, et après trois mois de séjour dans les prisons, son âme libre et joyeuse s'élançait vers le Seigneur [2].

Mais cette mort n'arrête pas les regards à cette heure troublée, et le cercueil de l'humble clarisse, qui a confessé sa foi, peut traverser les rues de Grenoble sans émouvoir ni ameuter la foule : d'autres spectacles lui sont donnés où elle porte tout à la fois ses passions et ses larmes.

Le 14 mars 1794, vingt-et-un prêtres, arrachés aux prisons, montaient sur des charrettes

[1] Sœur Madeleine-Pélagie de la Coste, bernardine ; Sœur Jeanne de Villeneuve, carmélite ; Sœur Madeleine Boniot ou Bounoi, carmélite ; Sœur Jeanne-Marie Rolland, clarisse.

[2] « Marie Rolland de Saint-Andéol, en Triève, incarcérée le 15 prairial an II ; âgée de 34 ans ; ex sœur de Sainte-Claire de Grenoble ; par un mandat d'arrêt de la municipalité. Taille au-dessous de cinq pieds, visage plein et rouge, le front petit, les yeux gris, le nez petit, la bouche moyenne, le menton rond. Morte le 9 fructidor an II. » — *Registre d'écrou des prisons de Sainte-Marie d'en Haut.* Note nº VIII.

et partaient pour Bordeaux. Ils étaient liés deux à deux de telle sorte que le mouvement de l'une des victimes devenait une souffrance pour l'autre. Dans chacune des charrettes, on avait fait monter un forçat, afin que les blasphèmes et les insultes ne manquassent pas à ces prêtres sur la voie douloureuse qu'ils allaient suivre. L'un d'eux avait dû être porté à bras dans la charrette ; il souffrait extrêmement d'un ulcère à la jambe et ne pouvait marcher : c'était le P. Antoine, le vénérable aumônier du monastère de l'Ave-Maria. La veille, une clarisse s'était introduite dans son cachot, pour lui exprimer ses regrets et les regrets de ses sœurs : — « Faire partir un homme malade, un homme accablé d'infirmités.. » s'était-elle écriée, en versant des larmes, « est-ce possible ? Oh ! que vous êtes malheureux ! » — « Que dites-vous là, ma sœur, » avait repris le religieux, avec une énergie qui dut la ravir d'admiration et aussi la frapper de stupeur, « que dites-vous là ! que je suis malheureux ? Mais c'est le plus beau de mes jours... le jour de mon triomphe !.. » Si ce jour où ces vingt-et-un prêtres montèrent sur leur charrette de déporté fut le plus beau de leur vie, que dut être pour les deux vicaires, Revenaz et Guillabert, le 26 juin, jour où ils montèrent sur l'échafaud ? Les prisons de Grenoble ont retenti longtemps du *Te Deum* qui fut entonné au moment de leur supplice par les prêtres et les religieuses, et de ce cri, échappé aux scélérats des Basses-Fosses : « Pour nous, nous sommes coupables, mais pour eux, ils n'ont fait aucun mal !... » C'est que tous avaient pu apprécier leurs grandes âmes, et comprendre, en admirant leurs cœurs, si ardents et si tendres, quelles victimes Dieu demandait à son Église et à la France.

Sans doute, Grenoble allait en compter d'autres que les efforts du courageux Chanrion ne pourraient pas arracher à la guillotine. La correspondance de l'agent national est là, pour nous révéler l'avenir qu'on préparait à nos religieuses :

« Je t'ai prié, citoyen, écrit-il, à un entrepreneur, le 14 messidor an II, de mettre à la guillotine un tiroir pour, après l'exécution, faire disparaître le cadavre aux regards du public, et surtout pour le détourner de la vue de celui qui attend son supplice lorsque plusieurs exécutions se font de suite. Je t'ai demandé aussi un panier assez vaste pour contenir de trois à quatre cadavres, pour éviter des dépenses et surtout des travaux encore pénibles, vu les préjugés. Ainsi, au nom de l'humanité et de l'intérêt public, je te recommande la prompte exécution de ces deux mesures. Je pense que tu donneras au panier la forme d'un mannequin que deux ou trois hommes puissent porter. On pourrait l'enduire de cuivre ou de fer blanc, et tu lui donneras une forme telle que placé sous l'échafaud et en dedans, il puisse recevoir les cadavres à mesure qu'ils seront détachés de la planchette et passeront par l'ouverture pratiquée sur l'échafaud par le tiroir que j'indique. »

« Il serait bon aussi qu'au lieu de plancher à clouer et déclouer autour de l'échafaud, tu voulusses préparer des panneaux rassemblés, que l'on poserait comme des portes de placard et que l'on fixerait ou par un loquetau ou de toute autre manière. Si tu as de meilleures idées que moi, applique-les ; et si tu adoptes les miennes, éxécute-les. Le tout sans retard. »

« Salut et fraternité... [1] »

Tandis que les préparatifs des plus sanglantes scènes s'exécutaient ainsi dans l'ombre et que

[1] *Archives de l'Isère.*

les prisonnières de Sainte-Marie d'en Haut, transférées à l'Oratoire, se préparaient au sacrifice de leur vie, Robespierre tombait sous les coups de Tallien, de Legendre, de Collot d'Herbois[1] !..

Sa mort ne devait pas rétablir l'ordre : les vainqueurs du Tyran n'étaient que des tyrans ; mais il leur importait, pour rester au pouvoir, de paraître moins sanguinaires et des décrets parurent en conséquence.

Gauthier vint à Grenoble avec la mission de relâcher les prisonniers. Les religieuses confectionnaient des chemises pour les soldats en campagne, de sorte que les prisons de Sainte-Marie et de la Conciergerie s'ouvrirent avant la leur.

La vie religieuse avait cessé au Carmel, à la Visitation, à Sainte-Cécile, au monastère de l'Ave-Maria ; elle reprenait son cours dans cette prison de l'Oratoire où les sœurs n'interrompaient leurs pieux exercices que pour fournir la tâche imposée par la Nation. De temps en temps le Souverain Maître venait clandestinement réjouir leurs âmes.. Quel jour de fête pour ces recluses, que celui où tremblantes et heureuses elles recevaient leur Seigneur, « contraint de

[1] 9 thermidor an II.

s'entourer d'autres voiles et d'autres ténèbres, que ces voiles et ces ténèbres mystiques dont il se couvre volontairement sur nos autels.. [1]. »

L'administration ne se pressa pas de relâcher ces ferventes religieuses. Le 25 frimaire an III, un grand nombre d'entre elles étaient encore à l'Oratoire, souffrant du froid, souffrant de la faim, mais « toujours prêtes à donner satisfaction à ceux qui leur demandaient raison de l'espérance vivant au fond de leurs âmes [2] !.. »

Le 26 germinal, lorsque le P. Antoine obtenait, à Rochefort, son mandat de délivrance, elles avaient pu rentrer au sein de leurs familles [3]. Plusieurs d'entre elles même, fidèles à l'œuvre du Seigneur, s'étaient dévouées à l'éducation des enfants.

La loi persécutrice du 19 fructidor an V, qui eut en Dauphiné un si profond et si douloureux retentissement, ne les concernait pas ; et cependant, le 11 thermidor an VI, la sœur Corréard, clarisse du monastère de Chambéry, auprès de laquelle s'étaient groupées quelques religieuses de celui de Grenoble, vit son école fermée par

[1] Bossuet — *Oraison funèbre.*

[2] S. Pierre I, III, 5.

[3] Note n° IX.

ordre de l'administration[1]. L'année suivante, M. Rambaud fut pris, chez ces pieuses sœurs, place des Tilleuls, et le *Clair-voyant,* en rendant compte des difficultés de cette capture, ajoutait : « Il faut convenir que si la république avait des soutiens aussi zélés et aussi généreux que ceux de l'Église, la coalition n'irait pas loin ! [2] »

Le journaliste dauphinois ne se trompait pas. Déjà, s'effondrait le Directoire au bruit des conquêtes de Bonaparte ; le consulat qui surgit ensuite dura cinq ans, et l'Empire s'ouvrit... Mais, ce n'était pas Napoléon devenu empereur, ce ne furent pas davantage les Bourbons en retrouvant leur couronne, qui pouvaient réparer les ruines faites par la Révolution : « Le Vandalisme ne s'arrête dans ses ravages que lorsqu'il n'a plus rien à pulvériser.. [3]. »

En 1815, le monastère de l'Ave-Maria était

[1] Note n° X.

[2] Numéro du 28 fructidor an VII. Sœur Corréard et sœur Teste, toutes deux clarisses du monastère de Chambéry furent mises en prison à Grenoble pour avoir caché M. l'abbé Darrier-Roy.

[3] M. de Montalembert. — *Les Moines d'Occident.*

debout. La Terreur n'avait fait que briser sur son prie-Dieu de marbre la statue de la connétable et celle de Catherine de Bonne, que détruire les armoiries des autres sépulcres seigneuriaux, qu'anéantir quelques inscriptions... comme si le « niveau de la mort, en passant sur ces dépouilles, ne les avait pas condamnées déjà à l'égalité suprême de la corruption et de l'oubli !.. [1]. » Quant au monastère, je le répète, il était debout ; seulement il avait subi le sort de Cluny, la plus illustre abbaye de la chrétienté, et de cette académie catholique du Bec, immortalisée par Lanfranc et saint Anselme : on l'avait transformé en haras !.. [2].

Cette profanation n'allait pas suffire à la voirie départementale. Il fallait qu'il fût détruit, renversé, rasé pour cause d'utilité publique... qu'on fouillât jusqu'en ses fondations pour en arracher la première pierre : cette pierre que Jeanne Baile avait demandée à Dieu et aux hommes avec tant d'instance, que le gouverneur Jean d'Armagnac avait posée, que l'évêque de Grenoble avait bénite.

[1] Le R. P. Monsabré.

[2] Par décret du 7 avril 1809.

L'administration municipale acquiesça, en 1819, au désir de la voirie : quelques mois après le monastère de l'Ave-Maria n'existait plus !...

XV

JEANNE BAILE RAMÈNE SES FILLES A GRENOBLE

1878.

Sœur Marie Christine Corréard et sœur Angèle Duc, unies dans l'exercice de la charité pendant les jours d'épreuves, ne devaient plus se séparer sur la terre. Le monastère de Romans s'étant rouvert, vers l'année 1805, elles allèrent y frapper, demandant d'y mourir et d'y vivre : d'y mourir à leurs volontés et à toutes les habitudes du siècle qu'elles avaient été forcément contraintes de reprendre ; d'y vivre, selon cette règle qu'elles avaient embrassée dans leur jeunesse et aux rigueurs de laquelle elles désiraient rester fidèles jusqu'au dernier soupir.

Sœur Marie-Anne Avénier, converse cloîtrée de l'Ave-Maria, ne les suivit point. Un dépôt lui avait été confié qu'elle ne voulait pas quitter et qu'elle sentait ne devoir remettre qu'entre les mains d'une abbesse succédant à M[de] de Morard de Galles : ce dépôt, c'était le corps de Jeanne Baile, la première mère, la vénérable fondatrice du monastère des clarisses de Grenoble.

Longtemps sœur Avénier crut pouvoir espérer qu'un ordre du gouvernement rendrait le bien-aimé monastère à sa destination primitive, que les ministres de l'Église, en le bénissant, lui redonneraient son éclat des vieux jours, que la protection de Jeanne Baile y ferait revivre les traditions et les vertus du passé.... Mais, lorsqu'elle eut vu l'Empire remplacer l'anarchie, les Bourbons remplacer l'Empire, et encore Napoléon revenir de l'île d'Elbe et traverser Grenoble en conquérant pour être renversé au lendemain par toute l'Europe coalisée... Elle se lassa d'avoir à soumettre les désirs de son âme aux éventualités d'un pouvoir si précaire, et alla demander au monastère de Valence, qui se fondait, l'abri d'une tombe que celui de Grenoble n'était plus à même de lui offrir. Elle y porta son précieux dépôt [1], et y mourut, en

[1] Outre le corps de la pieuse fondatrice, Sœur Marie-

1831, après avoir été dans ce nouveau cénacle un modèle de piété et de charité.

Jeanne Baile, la fille du 1er président, allait-elle se lasser comme l'humble converse de son monastère ?

Non; elle ne le pouvait pas. Dieu lui avait donné la mission de secourir la ville de Grenoble dans ses épreuves, de guérir ses enfants malades, de soutenir l'agonie de ses vieillards, de révéler les mérites du sacrifice de ses religieuses, le prix de leur pureté, l'efficacité et la force de leurs prières : elle devait rester fidèle, après comme avant la tourmente, dans l'avenir comme dans le passé, à cette mission glorieuse.

Nous l'avons vue arriver, en 1478, aux portes de Grenoble, et le gouverneur du Dauphiné, les prêtres, le parlement, les consuls et le peuple, la recevoir au chant du *Te Deum*.

En 1878, elle y ramenait ses filles, après quatre vingt-six ans de proscription et d'exil.

La foule pouvait courir à ses affaires et à ses plaisirs ou passer indifférente devant ces femmes aux voiles baissés, aux pieds nus, couver-

Anne Avénier porta à Valence l'écuelle de bois dont Jeanne Baile se servait.

tes de robes d'une lourde bure : mais le clergé était là, fidèle à son mandat sacré.

M. Berlioux, curé de Saint-Bruno, que la mort vient d'enlever à tant d'œuvres et à tant d'âmes, les reçut à la gare et les conduisit au monastère, petit et pauvre, qui leur avait été préparé. La croix portée par sœur Marie-Pacifique de Saint-Joseph (novice) précédait ces pieuses amantes du crucifié ; sœur Marie-Claire-Isabelle de Saint-François, appelée à succéder à la mère Morard de Galles, la suivait, tenant entre ses mains une précieuse relique de Jeanne Baile, envoyée par le monastère des Clarisses de Valence ; après elle se pressaient, sœur Marie de Jésus, sœur Marie-Aimée de Marie, sœur Marie Stéphanie de tous les Saints et sœur Marie Baptistine de Saint-Pierre [1].

Ce fut au chœur que les ferventes religieuses allèrent s'agenouiller, et avant de prendre au-

[1] Toutes ces Religieuses étaient professes du monastère de Romans. Si, en 1621, le monastère de Grenoble avait donné quatre religieuses à Romans, le 18 mars 1878, le monastère de Romans en rendait six à Grenoble.

La R^de^ mère Ambroise de l'Immaculée-Conception, abbesse du monastère de Romans, les avait accompagnées, ainsi que l'aumônier.

cune nourriture, sous le charme de cette grave et douce émotion qui les animait, elles récitèrent les premières vêpres de Saint-Joseph, protecteur et patron du nouveau monastère.

Le Roi du ciel ne résidait point encore dans leur chapelle; de sorte que la nuit entière fut consacrée à préparer le pauvre autel sur lequel il devait descendre pour la première fois et à prier.

Si les municipaux qui avaient fermé l'église du monastère de l'Ave-Maria, en 1792, fussent entrés, le 19 mars 1878, dans le chœur du nouveau monastère, où M. Berlioux célébrait le saint sacrifice, ils eussent frémi d'étonnement et se fussent demandé ce qu'était devenue leur victoire? Les filles de Jeanne Baile, qu'ils avaient chassées, étaient là prosternées sur le parvis; leur sanctuaire, qu'ils avaient dépouillé et profané venait de retrouver à la voix du prêtre son caractère sacré; le tabernacle, d'où ils avaient obligé le Roi du ciel à descendre recevait son hôte divin.... L'appareil du saint sacrifice pouvait paraître simple et humble, mais autour de la grande victime l'affluence était nombreuse, l'adoration profonde, la piété émue, la foi vive.

Le 26 juillet, Mgr Fava, le si digne successeur de Mgr Laurent Allemand, vint recevoir la profession de sœur Marie Pacifique de Saint Joseph, donner l'habit à une novice et, en bénissant le monastère, établir la clôture.

Au dehors, l'œuvre de Jeanne Baile était restaurée et le monastère de l'Ave Maria de Grenoble rendu aux besoins des âmes : au dedans, les religieuses manquaient du nécessaire. La générosité de quelques bienfaitrices allait venir à leur aide, et les plus pauvres femmes de ce quartier, privé de ressources, offrir à leur dénuement des légumes, un morceau de pain, quelques œufs...

Dieu crée de rien. Il aime construire sur le néant; mais son cœur a doué la pauvreté de ses religieuses d'un attrait mystérieux qui captive ceux qui les approchent et ne les laisse pas sans enseignement. Quel exemple, en effet, pour notre siècle grossier, matérialiste, affamé d'or et de jouissances, que celui de ces femmes dénuées de tout, et cependant possédant un mérite, une dignité, un éclat surnaturel où l'or et la matière n'entrent pour rien. Quelle leçon de charité que cette prière, s'élevant sans relâche pour détourner de nos demeures la colère vengeresse prête à frapper, rétablir l'équilibre entre l'empire du ciel et l'empire de la terre, attirer enfin sur notre France coupable la rosée des miséricordes infinies.

Plaise à la justice divine que nous comprenions en ce jour qui nous est encore donné, la place qu'occupent ces femmes dans notre patrie et dans l'Église ; et que loin de blâmer leurs mortifications et leurs oraisons prolongées, nous en admirions les miséricordieux effets : « Ce n'est pas être oisif, a dit saint Bernard, que de s'occuper de Dieu, c'est la plus grande de toutes les affaires ! » La seule, si nous étions conséquents, qui devrait absorber nos facultés et ravir notre cœur.

Mais, s'il ne nous est pas donné d'imiter les servantes du Seigneur dans leurs sacrifices, nous pouvons les soutenir et les aider ; leur dire, en leur portant notre offrande, comme saint Jean l'aumônier aux moines d'Alexandrie : « Je pourvoirai aux besoins de vos corps, pourvoyez aux besoins de mon âme ! » ou comme ce noble prince du Poitou, dont les largesses aux monastères n'étaient ni irréfléchies, ni aveugles : « Je vous fais ce don parce que je me souviens de mes péchés et que je veux que Dieu les oublie ! »

Sachons-le et ne l'oublions jamais : « Dieu prend soin des enfants de ceux qui auront pris soin de ses épouses [1]. » « Il reconnaît Abraham dans Isaac, Isaac et Abraham dans Jacob. Il se rappelle en voyant le petit-fils ce qu'a fait pour lui l'aïeul, et lorsque la mémoire des hommes est impuissante à retrouver loin d'elle les traces du passé, celle de Dieu y discerne encore des motifs de patience, de miséricorde et de pardon ! [2] »

[1] Saint François de Sales.

[2] Le P. Lacordaire.

XVI

LES RELIQUES DE JEANNE BAILE

Lorsqu'au mois de septembre 1792, les Clarisses durent obéir au décret de la Convention qui les arrachait à leurs cloîtres et les dispersait, elles voulurent, sans doute, emporter avec elles, dans les réduits, petits et pauvres, où elles allaient abriter leur vie et cacher leurs douleurs, quelques reliques de leur bien-aimée mère ; car le procès-verbal, fait, en 1730, par le R. P. Escalle, mentionne *des ossements de différentes grosseurs,* que nous ne retrouvons plus et qui probablement se sont égarés ainsi.

Sœur Marie-Anne Avénier n'avait entre les mains, en 1815, lorsqu'elle alla frapper à la porte du monastère de Valence, que le chef de

Jeanne Baile, cinq ossements des plus considérables et la petite écuelle de bois, noircie par le temps, dont la Bienheureuse s'était servie. De qui l'humble converse tenait-elle ces reliques ? Nous l'ignorons... Il est à supposer qu'ayant suivi l'abbesse, madame de Morard de Galles, dans sa retraite, cette vénérable femme lui en laissa la garde au jour de sa mort. Du reste, l'abbesse comme la converse, échappent entièrement à nos investigations, de 1792 à 1815.

Nous ne pouvons que constater l'entrée de sœur Avénier au monastère de Valence avec ce précieux dépôt. Mais le Seigneur, infiniment bon et infiniment juste ne devait pas priver la patrie de Jeanne Baile de sa protection bénie ; et ce fut à l'hôpital, l'asile des souffrances les plus délaissées, des angoisses les plus méconnues, qu'il établit le centre et comme le doux foyer de son culte.

La main qui déposa dans une salle de femmes, âgées et perclues (maintenant salle Sainte-Jeanne), une relique de la chère bienheureuse [1]

[1] Un fémur. D'après ce fémur, haut de 45 cent. la taille de Jeanne Baile aurait été de 1 mètre 68 cent., M. le docteur B. Charvet.

est restée complètement inconnue. L'on se souvient seulement qu'au lendemain de la Terreur, cette relique était déjà à l'hôpital, gardée avec un soin jaloux par une religieuse infirme, qu'on appelait madame du Sauveur [1].

Cette religieuse étant morte, une de ses amies, madame Juliard, alla prendre la précieuse relique et l'emporta dans sa maison.

Mais elle appartenait aux affligés ; à la malheureuse mère dont l'enfant noué par les douleurs ne pouvait ni vivre ni grandir ; aux pauvres mourants dont le désespoir et des luttes étranges troublaient l'agonie... elle ne devait pas, elle ne pouvait pas devenir une propriété particulière.

La nouvelle de son enlèvement causa donc

[1] L'état général des religieuses du diocèse de Grenoble, en 1792, ne donne le nom de Sœur du Sauveur à aucune Clarisse. Ce nom n'est porté que par une religieuse hospitalière : madame Anne Dutrait.

De qui madame du Sauveur tenait-elle cette relique de Jeanne Baile ?

Sœur Eléonore Beyle est la seule Clarisse dont nous ayons pu constater la mort à l'hôpital, en 1808, après un séjour de trois ans. Elle a dû y connaître madame du Sauveur. Serait-ce cette Clarisse, appartenant peut-être à la famille de notre Bienheureuse qui aurait gardé à Grenoble sa précieuse relique, en la confiant à madame du Sauveur ?

une vive sensation parmi les malades de l'hôpital; les habitants de Grenoble, qui aimaient à venir prier Jeanne Baile, se joignirent à eux.

Frappés de cette émotion générale, les administrateurs prêtèrent leur voix et leur autorité aux réclamations de la foule. Madame Juliard fut contrainte de rendre la précieuse relique.

On la rapporta à l'hôpital où elle est restée depuis cette époque l'objet d'un culte véritable. Il ne s'écoule pas de mois, pas de semaines, je dirai même, en certaines saisons, de journées, où l'on ne voie arriver près de l'autel, sur lequel elle a été déposée, de pauvres malades qui ont été guéris, des mères, des filles, des sœurs, des amis chargés de faire toucher, à la relique, le vêtement qui doit communiquer sa vertu.

Si la Révolution a rompu le courant religieux qui, depuis trois siècles, poussait les affligés vers le monastère de l'Ave-Maria, elle n'a pu le détruire : comme une rivière dont on a entravé les ondes et qui se creuse un autre lit, il s'est dirigé vers l'hôpital. Les preuves de la protection de Jeanne Baile sont fréquentes et viennent affermir et accroître son culte.

Henriette Bayout, âgée de dix ans, avait été prise d'une fièvre cérébrale, que la science des docteurs s'était déclarée impuissante à guérir; sa mère envoya déposer un bonnet sur la relique de Jeanne Baile; dès que le bonnet eut été appliqué sur la tête de l'enfant, la fièvre cessa.

Le petit-fils de Perret, cantonnier à Varces, âgé de huit ans, avait un genou enkylosé et souffrait horriblement. Une femme des environs étant entrée pendant qu'on le pansait, dit à sa mère : — « Mais pourquoi ne le porteriez-vous pas à Sainte Jeanne de l'hôpital ? » On ne le porta pas à *Sainte Jeanne*, mais on déposa pendant neuf jours sur ce genou perclus et déjà déformé par la douleur, un peu de coton qui avait entouré le fémur de la Bienheureuse ; le dernier jour de la neuvaine, l'enfant était debout, parfaitement guéri et ses parents se hâtaient de le conduire à l'hôpital, en pèlerinage d'action de grâces.

Une petite fille, nommée N. Feuillet, dont les parents habitaient le cours Bériat, à Grenoble, était tombée en agonie après avoir traversé de si rudes souffrances qu'on ne comprenait pas qu'elle y eut survécu. Sa mère, désirant soulager, abréger même ses dernières angoisses envoya un petit bonnet toucher la précieuse relique. Dès qu'on l'eut rapporté et mis à la pauvre enfant, ses souffrances cessèrent et elle recouvra instantanément le mouvement et les forces [1].

« J'arrivai, il y a quelques années, auprès d'un moribond, écrit M. Martin, aumônier du couvent de Sainte-Ursule de Grenoble, en même temps que le docteur Charvet (oncle), dont le coup d'œil médical m'était connu. Le cas était grave, désespéré même. M. Charvet le jugea comme moi, puisque je l'entendis, en s'éloignant, dire à la garde : — « Il est inutile de m'envoyer chercher à nouveau pour cet homme, voici son certificat de décès ! » Mais, la garde, en me montrant ce certificat, ajouta : — « X.. n'est pas encore mort ; j'ai mis sur sa poitrine du coton de Sainte Jeanne ! » Quelques jours après, le malade que je n'étais pas seul à condamner, se promenait dans les rues de Grenoble. Il avait été guéri par la Bienheureuse ! »

[1] « La foi s'augmentant dans l'intercession de sainte Colette, les miracles se multiplièrent. Tous les enfants morts-nés lui étaient portés, et elle les rappelait à la vie, au moins pour recevoir le baptême.. »

«.. Aussitôt qne Sainte Colette apprenait qu'une âme était aux prises avec la mort et soutenait les dernières luttes contre l'ennemi du Salut, elle se mettait en prières

Fidèle imitatrice de sa mère, Sainte Colette, pendant les jours de sa vie, il semble que le Seigneur accorde encore à Jeanne Baile de l'imiter dans les compassions maternelles de son cœur, car ce sont surtout aux enfants et aux mourants que s'appliquent ses faveurs les plus signalées.

« Il n'est mère qu'elle ne console, agonie qu'elle ne soulage, dernières tortures qu'elle n'abrège.. » disent les femmes de l'hospice, ces témoins journaliers des vœux qu'on lui adresse et des grâces accordées à son intercession.

Ces prodiges n'ont rien qui surprenne : — « Les reliques des Saints ont toujours été pour les villes où elles reposent et sont en vénération, une protection puissante, » écrivait au XVIIIe siècle, le pape Benoit XIV ; « elles éloignent de leurs murailles des calamités qui sans cela les accableraient... [1] »

et ne cessait que lorsque tout danger avait disparu, parce que l'âme était entrée dans la voie de son éternité... » — *Vie de Sainte Colette par M. l'abbé Douillet, curé de Corbie.*

[1] « Corpora et sanctorum reliquiæ, in illis civitatibus ubi jacent et venerantur, solent esse, divina favente misericordia, validum præsidium, ad arcendas inde calamitates a quibus secus opprimerentur. » *Epist. ad capitul. et canonicos Bonon.*

Sainte Agathe, la vierge de Sicile, a laissé son voile à sa cité natale et quand l'Etna s'agite, que la lave bouillonne, que les flammes menacent les habitations environnantes, les magistrats de Catane, confiants dans l'intercession de leur sainte, opposent au fléau ce voile béni et les flammes s'apaisent.

Les habitants de Grenoble possèdent plus que le voile de leur sainte. Ils peuvent opposer aux fléaux qui les menacent, non-seulement sa relique laissée à l'hôpital, mais son chef que leurs pères n'ont cessé de vénérer et qui a été pour eux, pendant trois-cents ans, l'intermédiaire d'innombrables grâces.

Ce chef précieux leur a été rendu. La vénérable abbesse du monastère des clarisses de Valence, soucieuse de la gloire de sa mère, a écouté et a exaucé les sollicitations et les instances de Mgr l'Évêque de Grenoble.

Le 19 novembre 1886, ce prélat si zélé et si pieux le rapportait au monastère de l'Ave Maria, après quatre-vingt-quinze ans d'exil, comme un gage des miséricordes infinies que Dieu réserve encore à sa ville épiscopale et à son peuple.

NOTES

NOTES

N° I.

GÉNÉALOGIE DE LA FAMILLE DE SALES DONT SAINT FRANÇOIS DE SALES EST ISSU.

«... François de Sales, vidame de la Roche, baron de Sales, Seigneur de Boissy... naquit l'an 1522, et l'an 1565, il épousa Françoise de Syonnas, fille de Melchior de Syonnas, chevalier, seigneur de Vallières, la Tuille et autres places, tué par les huguenots et de Bonaventure de Cheuvron... Cette famille de Syonnas a produit la femme de Jean Bayle de Pellafol, premier président au parlement de Grenoble, dont la Bienheureuse sœur Jeanne Bayle, que le monastère des Clarisses de Grenoble reconnaît pour sa fondatrice, et dont elle a ses reliques.

« Le susdit François de Sales a eu : François, né le 21 aoust 1567, dans la ville d'Annecy en Savoie; il a fait ses études à Paris, et après il fut sacré évêque de Genève.... »

Bibliothèque de Grenoble. R. 80. 9.

N° II.

EXTRAIT DE QUELQUES ACTES, TIRÉS DE L'INVENTAIRE DE LA COUR DES COMPTES.

« Au régistre cotté secundus Liber copiarum Gratianopolis fol. 72 est la vente passée, le 18 janvier 1469, par Pierre Guillod, fils de Jean notaire de Grenoble, du consentement d'Aymon Allemand Seigneur de Champ à Mre Jean comte de Comenge mareschal de France, gouverneur du Dauphiné, pour lui ses successeurs, (et pour la fondation du couvent des religieuses de Sainte Claire), d'une maison grange et jardin joints ensemble, situés à Grenoble, dans la rue Pertuisière joignant deux rues de deux côtés le jardin des héritiers de Vincent Aujard de deux autres côtés, etc., et plus un autre jardin dedits héritiers de Vincent moyennant le prix de 350 écus d'or.

« De suite est venue une autre vente passée, ce 27 mars 1469, par Jean Andricy, secrétaire de la chambre des comptes de Grenoble, audit seigneur comte de Comenge gouverneur du Dauphiné, d'un petit jardin contenant environ demie quartelée, situé audit Grenoble à Cleyriac, joignant le jardin de noble Pierre Rolland et le jardin dudit vendeur de deux côtés et autre jardin dudit vendeur des autres côtés, au prix de vingt florins monnaie lors courante.

« De suite est une autre vente du même jour, 27 mars 1469, par le sieur Andricy, audit Seigneur gouverneur du Dauphiné. Ledit Andricy étant aux droits de Mre Jean Caleman auditeur des comptes d'un autre petit jardin contenant environ demie quartelée situé en Pertuisière joignant la maison et jardin en dernier lieu acquis par ledit Seigneur comte de Comenge de deux côtés et le jardin des héritiers de Jean Aujard d'autre, etc., moyennant le prix de 12 écus d'or.

« De suite est une autre vente passée, le 24 avril 1469, par noble Hugues Marc audit Seigneur gouverneur d'une petite pièce de jardin contenant environ demie quartelée avec ses murailles de deux côtés savoir la rue et grange y joignant, située en Pertuisière joignant la grange et jardin dudit Seigneur comte par lui acquise dudit Guillot, de deux côtés, etc., moyennant le prix de dix livres monnayes de roi [1]... »

N° III.

LE TITRE DE BIENHEUREUSE.

« Octavo kalendas februarii, Gratianopoli, Beatæ Joannæ Bellæ, virginis, quœ prima abbatissa electa signis et virtutibus eluxit... »

(*Martyrologe Franciscain du P. Arthur.*)

« Octavo idus octobris, Gratianopoli in provincia,

[1] *Archives de l'Isère.*

circa annum 1480, Joanna Bella... Prima abbatissa est electa et felicissime obiit, admirandisque signis suam prælaturam reddidit...»

Ménologe du P. Hueber.

« 30 juillet. A S. Antoine, S. Urbain, martyr. Sainte Jeanne Baile, fille du président de ce nom, à Sainte Claire. »

Calendrier des saints du Dauphiné, faisant suite au *Directoire à l'usage des confrères et sœurs du Saint Rosaire; imprimé à Grenoble; chez Jacques Petit... MDCLXXXIX.*

N° IV.

VISITE DE L'ÉGLISE ET CLOTURE DU MONASTÈRE DES RELIGIEUSES DE SAINTE-CLAIRE DE GRENOBLE.

Du samedy 3e jour du mois d'avril 1683, sur les 8 heures du matin, nous Estienne par la patience divine, Évêque et prince de Grenoble, continuant notre visite épiscopale dans la présente ville de Grenoble, ensuite de notre mandement du 20e mars dernier, affiché et publié aux carrefours de ladite ville, nous nous sommes acheminés de notre palais épiscopal avec nos aumoniers et nos autres domestiques ordinaires écrivant sous nous Mre Gaspard Magnon prieur de Corenc et l'un de nos dits aumoniers, à l'église et monastère des religieuses de Sainte Claire de cette ville pour procéder à la visite tant de ladite église que de la cloture de leur monastère.

Estant arrivé à la porte de leur cour nous sommes descendu de carrosse avec nos dits aumoniers revêtus de rochets et de camails et les dits aumoniers de surplits, et après avoir traversé ladite cour nous avons rencontré à la porte de l'église le R. P. Bruno et le R. P. Guyot religieux mineurs de l'Observance de Saint François et confesseurs et directeurs des dites religieuses. Le P. Bruno revêtu de surplis nous a présenté l'eau bénite que nous avons reçue avec la révérence accoutumée et ensuite nous sommes entré en ladite église, et sommes allé jusqu'au devant du grand autel, ou estant arrivé nous avons fait nos prières et nos préparations pour la messe à genoux sur un prie-Dieu qu'on nous avait préparé pendant que nos aumoniers disposaient les choses nécessaires pour la Sainte Messe.

Après avoir achevé la messe, nous avons visité le Très Saint Sacrement que nous avons trouvé reposer fort décemment dans un beau ciboire d'argent et dans un soleil de vermeil très propres, et nous estant enquis dudit père Bruno, si l'on renouvellait souvent les saintes hosties, il nous a répondu que c'était tout au plus tard de 15 en 15 jours.

Lesdits religieux ayant entonné le *Pange Lingua*, nous avons fait nos adorations et encensements ordinaires au Saint-Sacrement, et ensuite nous avons donné la bénédiction, après quoy nous l'avons fermé dans un beau tabernacle doré qui est sur ledit autel.

Ayant fait nos actions de grâces nous avons requis et ordonné audit religieux de nous exhiber les reliques que l'on expose à la vénération des fidèles dans ladite église, et les indulgences qu'on y publie pour voir si tout était conforme à nos ordonnances: mais lesdits religieux nous ayant prié de leur donner trois jours pour en chercher les authentiques et les commissions qu'ils ont en bonne forme nous leur avons accordé ce délay.

Ensuite de quoy nous nous sommes transportés dans le monastère desdites religieuses en rochet et camail accompagné de nos deux aumôniers en surplis et desdits pères Bruno et Guyot revêtus de même pour en visiter la cloture.

La porte nous ayant esté ouverte, nous avons baisé le crucifix qui nous a été présenté par la supérieure de ladite maison à laquelle on donne le nom d'abbesse dans ladite maison à cause de la perpétuité de sa charge, car ce monastère n'a ni abbaye, ni prieuré estant très pauvre et ne vivant que d'aumônes, suivant la règle de Saint-François dont lesdites religieuses font profession ; après nous avons reçu l'eau bénite qui nous a été présentée par ladite supérieure, ensuite lesdites religieuses qui étaient toutes à ladite porte pour nous recevoir nous ont conduit processionnellement dans leur chœur chantant l'antienne *Ecce Sacerdos Magnus*. Estant arrivé au chœur et ayant fait nostre prière, nous leur avons fait une exhortation sur l'évangile du jour, à la fin de laquelle ladite supérieure et autres religieuses nous ayant invité de voir l'intérieur de leur maison nous y avons acquiéscé leur déclarant néanmoins que la visite que nous avions droit de faire dans leur monastère regardait simplement la clôture : Ainsy nous avons esté dans le dortoir dudit monastère et dans les cellules desdites religieuses et dans leurs offices toujours accompagné desdites deux religieuses et de nos deux aumôniers avec ladite supérieure et plusieurs autres religieuses. Ensuite nous nous sommes transportés dans leur jardin et avons fait le tour de leur enceinte pour en visiter la clôture que nous avons trouvé partout régulière et en bon estat, aussy bien que les grilles de l'église, du confessionnal et le tour, et après avoir ainsi procédé nous nous sommes retirés, tant à cause de l'heure de midy qui s'approchait, qu'à cause qu'on nous est venu donner avis que le Seigneur duc de la Meilleraye estait arrivé avec son train dans nostre palais ou il nous voulait bien faire l'honneur de loger.

† Estienne É. de Grenoble
par Monseigneur, G. Magnon[1].

[1] *Archives de l'évêché.*

N° V.

PROCÈS-VERBAL DES RELIQUES.

Nous Ministre Provincial soussigné, assisté du Rd père Jean Bonaventure Fahy, confesseur, et du R. P. Jean Perrin, notre secrétaire, faisant la visite dans notre monastère des dames religieuses de Sainte-Claire de Grenoble, étant à la sacristie, nous nous sommes fait représenter quatre boëttes de bois couvertes de papier marbré et l'une d'icelle couverte de velours, dans lesquelles on nous a dit qu'étaient renfermés les ossements de sœur Jeanne Baile, religieuse du monastère de Sainte-Claire de Chambéry, fondatrice et première abbesse de celui-ci, que la dévotion du peuple reconnait pour sainte à cause des miracles opérés par son intercession, en faveur de plusieurs habitants de cette ville et des environs, et crainte que lesdits ossements ne se dispersent pour les conserver à la postérité nous avons cru devoir en faire l'énumération, et cacheter ensuite les dites boëtes du petit sceau de notre office et de celui du monastère, et pour qu'il conste de ce qu'il y a dans chaque boëte nous avons dressé le présent acte qui fera foi de ce qu'il y a dans les unes et les autres.

Dans la plus longue, il y a treize os qui nous ont paru être de la jambe, de la cuisse et du bras, lesquels sont tous dans leur entier, et un quatorzième dont il n'y a que la moitié. Tous enveloppés dans un taffetas couleur verte.

Dans la moyenne, trente-quatre de différentes grosseurs, dont deux nous ont paru être de l'épaule, et les autres pour le plus grand nombre de l'épine du dos.

Dans la plus petite, cinquante et un de différentes grosseurs, parmi lesquels cependant, il y a plusieurs esquilles.

Dans la quatrième revêtue d'un velours bleu en dehors, ornée dans les bords de dentelle d'argent, et ouverte sur le dessus, et fermée d'une glace, et dans le dedans d'un taffetas cramoisi, dans laquelle est la tête de ladite Sœur Jeanne, réputée bienheureuse et sainte, laquelle est attachée par dessous par un cordon couleur d'or ; en foy de quoy nous avons signé avec le R. P. confesseur et notre secrétaire, et fait apposer le petit sceau de notre petit office le septième février mil sept cent trente.

F. Escalle,
Ministre provincial.

F. Fahy,
Confesseur.

F. Perrin,
Secretaire.

N° VI.

DÉLIBÉRATION MUNICIPALE.

Dudit jour 7 avril 1792....

M. le Maire a dit que sur les plaintes réitérées qui ont été portées contre les sœurs de Sainte-Claire, qui ne laissent échapper aucune occasion d'altérer la tranquillité publique, soit par des propos séditieux, soit en propageant les erreurs du fanatisme, soit en apportant des troubles publics aux cérémonies religieuses ; les commissaires de police ont rédigé un procès verbal le 26 mars dernier et jours suivants qui a été remis sur le bureau et sur lequel il s'agit de délibérer.

Lecture faite du procès-verbal des commissaires

de police de cette ville, commencé le 23 mars dernier et clos le 5 du présent mois d'avril qui renferme l'audition de 17 témoins, la matière mise en délibération et le procureur de la commune ouï.

Le corps municipal considérant qu'il résulte dudit procès-verbal que le dimanche 25 mars, deux des sœurs de Sainte-Claire affectèrent de venir fermer le portail de leur basse-cour au moment où la procession de Saint-Jean et de Saint-Hugues allait passer devant, lequel portail heurta plusieurs personnes qui s'étaient rangées sur le seuil, pour voir passer la procession qui arrivait ; que plusieurs citoyens considérant cet acte comme un outrage fait au culte, et ayant voulu rouvrir ce portail, lesdites sœurs s'y opposaient en le poussant par derrière, ce qui occasionna une rumeur et un scandale public.

Que dans plusieurs autres circonstances lesdites sœurs de Sainte-Claire ont manifesté leur incivisme par les propos les plus licencieux ; qu'il parait même qu'elles cherchent à semer le trouble et à fomenter la division dans les familles par les insinuations les plus perfides du fanatisme.

Considérant que les rassemblements des fanatiques qui se faisaient dans l'église Sainte-Claire ayant mis l'administration dans la nécessité de faire fermer ladite église, les rassemblements des personnes des deux sexes se sont continués dans l'intérieur même du couvent, particulièrement les dimanches et fêtes, ce qui peut occasionner encore des troubles populaires qu'il est important de prévenir.

Considérant enfin que la maison de Sainte-Claire est depuis longtemps un centre d'aristocratie qu'il importe essentiellement de détruire pour assurer la tranquillité publique.

Délibère que l'administration sera priée de réunir les religieuses de Sainte-Claire, c'est-à-dire celles qui voudront continuer la vie commune, à un autre monastère, à l'effet de rendre libre et à la disposition de la nation les bâtiments qu'elles occupent dans cette ville; et dans le cas où l'administration ne jugerait pas cette réunion convenable, qu'elle sera priée d'obliger les sœurs de Sainte-Claire à se retirer dans l'intérieur du couvent et à laisser également à la disposition de la nation le corps de bâtiment séparé qu'habitent actuellement lesdites sœurs, si mieux elles n'aiment se retirer dans leurs familles, et qu'il soit fait inhibition et défense tant aux religieuses qu'aux sœurs de Sainte-Claire de souffrir des rassemblements dans l'intérieur du couvent et d'apporter aucun trouble aux cérémonies religieuses du culte.

N° VII.

LETTRE DU PROCUREUR SYNDIC AU DIRECTOIRE DU DISTRICT DE GRENOBLE.

Le procureur syndic expose que forcé par la nécessité la plus impérieuse des lois, le directoire a consenti sur la réquisition de la municipalité et le directoire du département déterminé par le même motif à statuer que la municipalité se prévaudrait et disposerait pour des magasins, logements militaires et autres besoins publics :

1° Du monastère des religieuses carmélites de cette ville.

2° De l'église des religieuses clarisses et du corps de bâtiment dont jouissent et l'aumonier et les sœurs libres du même nom.

La municipalité et l'administration ont trouvé les motifs de cette détermination dans l'article 17 du droit de l'homme portant que « la propriété étant un droit inviolable et sacré, nul ne peut en être privé, si ce n'est lorsque la nécessité publique légalement constatée l'exige évidemment et sous la condition d'une juste et préalable indemnité. »

Les religieuses clarisses ont par les lois leur monastère et toutes ses dépendances à leur disposition et la nécessité seule a pu et dû déterminer l'administration à les en priver.

Cependant le requérant vient d'être instruit que la société patriotique de cette ville se propose de s'établir dans l'église des clarisses et d'y ouvrir ses séances publiques. Quelque utile que puisse être cette société à la chose publique, le choix d'un local pour ses séances n'a pu, ni dû déterminer l'administration à amonceler les religieuses et les sœurs' ni les priver de l'usage d'une habitation que le droit de l'homme et la loi leur assurent, aussi ne s'est-elle déterminée que d'après la nécessité de fournir au logement des troupes.

Hors ce cas de nécessité, il n'était pas en son

pouvoir de déloger qui que ce soit pour loger quelqu'autre. La justice de cette vérité saisit par sa propre évidence.

Outre ce moyen de justice, il en est un autre de convenance, non moins évident. Convient-il à une administration sage d'accorder à une société qui aime la constitution d'exiger un pareil sacrifice du droit de propriété? La décence religieuse le permet-elle dans ce moment ? Et si le plus souvent pour ne pas dire toujours, l'administration et les citoyens soumis à la loi, en la faisant exécuter, ou l'exécutant font crier des injures,ne fournira-t-on pas dans cette occasion le droit d'une plainte légitime?

Ne convient-il pas mieux de chercher à la société patriotique un établissement partout ailleurs, et de suspendre même pour quelques instants s'il le faut le cours de ses séances, jusqu'à ce que l'administration, ou elle, se soit procuré un établissement également ou plus commode ?

Le procureur requiert que l'arrêté du directoire du département du 14 de ce mois soit exécuté et qu'en conséquence l'appartement des sœurs et l'église des religieuses clarisses ne soient destinés qu'au logement des troupes ou à des entrepôts y relatifs sans qu'il soit permis à qui que ce soit d'en détourner l'usage à quelqu'autre objet que ce puisse être.

Délibéré à Grenoble le 16 mai 1792, 4e de la liberté.

P. Hilaire [1].

1 *Archives de l'Isère.*

N° VIII.

CONTRAT D'ENTRÉE EN RELIGION DE SŒUR JEANNE MARIE ROLLAND.

« Au nom du Père, du Fils et du Saint-Esprit, Ainsi soit--il. »

« Sœur Jeanne Marie Rolland, dite en religion également Jeanne Marie, fille naturelle et légitime de Barthelmy Rolland et de Marie Martin Ravat, ses père et mère, native du lieu de Riseler, paroisse de Saint-Andéol en Triève, diocèse de Die, certifie à tous à qui il appartiendra comme par la grâce de Dieu et en suite des essais et épreuves requises et accomplies dans l'intérieur du monastère de l'ordre de Sainte-Claire, de l'*Ave Maria,* réforme de Sainte Colette, en la ville de Grenoble ; elle y a été reçue et pris l'habit de religieuse en qualité de sœur laïque au voile blanc le 19 octobre 1785, âgée de 25 ans et demi, ainsi qu'il conste par son baptistaire, et qu'elle y a persévéré l'an et jour de probation, et demandé de sa propre et libre volonté sans aucune contrainte trois vendredi consécutifs dans l'assemblée capitulaire, à la révérende Mère Jeanne de Saint-Ange de Morard de Galles abbesse, à la mère Anne de Saint-André Bergeron vicaire et à toutes les religieuses dudit monastère a y être reçue à profession en ladite qualité de sœur laïque au voile blanc ; lesquelles toutes ont eu la bonté de le lui accorder et qu'en suite d'une mure délibération et libre volonté elle y a fait profession et prononcé hautement et en public les vœux solennels en la manière accoutumée dans le chœur entre les mains de la Révérende Mère abbesse; le très Révérend Père Jean François Antoine, religieux prêtre de l'Ordre des RR. PP. conventuels de S. François, prédicateur, ancien gardien, notre confesseur et directeur a eu la bonté de faire la cérémonie sur les dix heures du matin, le 21 novembre 1786 ; après avoir été au préalable examinée par l'un des messieurs les grands vicaires, dont l'acte par lui déposé en l'évêché de Grenoble, et avoir été interrogée sur les empêchements contenus dans les constitutions de notre sainte règle qui lui ont été exposés. Elle a constamment répondu n'être détenue d'aucun d'iceux. En foi de quoi et de toutes les autres choses que dessus enquise et requise, ne pouvant signer pour ne savoir écrire, elle a fait une croix de sa propre main sur les livres de réceptions et de professions de ce monastère, le jour et an que dessus.

†

Barthelemy Rolland. Berthelon.
Jean-Baptiste Martin Roche.
François Bonnefoix.
Antoine Jacob.

F. Antoine M. Con[uel],
Confesseur du monastère de
Sainte-Claire de Grenoble.

Sœur Saint-Ange de Morard de Galles abbesse.
Sœur Saint-André Bergeron vicaire[1].

N° IX.

ARRÊTÉ DE LA CONVENTION NATIONALE, CONCERNANT LES RELIGIEUSES PRISONNIÈRES.

Comité de Sureté générale.

Du 14 pluviose l'an 3e de la République Française une et indivisible.

Après avoir examiné les pétitions des ex-religieuses, détenues à Grenoble, le comité arrête que les citoyennes: Joly, Dumas cadette, Héli cadette, Bourguignon, Dussert, Dumas ainée, Bardonanche ainée, d'Argout ainée, Rose d'Argout, Valbonne, Emery, Bardonanche cadette, Allemand, Gros, Bounoit, Bardonanche tante, Virieux, Guttin, Ruinat, Second, Giroud, Félix, Beyle, Morand, Bonne, Ponnat, l'Estrange, Draillat, Mure, Clet,Jay, Dolomieu, Jay, Lablachère, Turbet, Duc, de Villeneuve, d'Alban, Imbaud, Perret, Bonnefoy, Beyle,Lejuge, Baratier ainée, Baratier cadette, Voiron, Murinais, Murinais cadette, Duplessis, Brochier cadette, Grive, Perneti, Durand, Brochier, Jonc, Roussillon-Chanterel, Luc Bernard, Rosalie Bernard, Pialat, Allemand, Mévillon, Perret Julie, Héli ainée, Triolle ainée, Triolle cadette, Vocance ainée, Vocance

[1] Registre des professions des religieuses de Sainte-Claire, du monastère de l'*Ave-Maria* de Grenoble. *Archives de l'Isère.*

cadette, Vocance tante, Marie Dubayet, Justine Aubert, Depeine, Féliciane, Reigner de la Roche, Biron Rose, Devif Rose, Liotard, Thérèse de Villeneuve et Angélique Faure seront mises en liberté et les scellés seront levés ; renvoyées pour le surplus de leur pétition au comité des finances.

Signés : Reverchon, Guiffrey, Vardon,
Legendre, Clauzel, Lomont.

N° X.

CLOTURE DE QUELQUES ÉCOLES.

Du 15 thermidor an VI.

Le commissaire du Directoire exécutif a fait part à l'administration assemblée, d'un arrêté de l'administration centrale du 11 du courant, portant clôture et suspension de plusieurs écoles particulières de la commune, et en désignant quelques autres comme devant être particulièrement surveillées.

Ouï le commissaire du Directoire exécutif.

L'administration arrête 1° qu'extrait de l'arrêté de l'administration centrale du 11 du courant, sera de suite adressé à chacun des instituteurs et des institutrices dénommés dans l'article premier dudit arrêté et dont les noms suivent :

La veuve Parron, rue Saint-Laurent, n° 158.

La veuve Gavet, idem, n° 67.

La cit. Deypi, femme Sarra, rue Perrière, 187.

La cit. Gardi, rue Chenoise, maison Royer.

Les ex-Religieuses Luc et Bernard, rue Chenoise, maison Martin.

Les sœurs Dumas, rue Chenoise, n° 63.

La cit. Richard, derrière les Cordeliers, n° 11.

La cit. Laval, place Notre-Dame.

Les ex-religieuses Poussielgue et ses compagnes, place des Tilleuls.

L'ex-religieuse Boniot, idem.

L'ex-religieuse Latour, idem.

Les ex-religieuses Corréard et autres clarisses, idem.

Les Vervelois, rue des Beaux-Tailleurs.

Les Peccat et Barbier, rue Très-Cloître.

L'ex-religieuse Lagier, rue du Fer à Cheval, maison Souveran.

La Gérente, même rue, n° 46.

Les ex-Joséphistes Désirat et Cartian, place Claveyson.

Les sœurs Guinet, rue de l'Egalité, n° 167.

Le cit. Perriche, rue Sainte-Claire, n° 77.

Les citoyennes Trouillet, maison Clappier, rue Neuve.

Le cit. Semper et sa femme, rue Créqui.

Les ex-religieuses Murinais, idem.

La cit. Mesfre, rue Saint-François.

2° Que conformément au même article défenses expresses leur seront faites de continuer les fonctions d'instituteurs et d'institutrices.

3° Qu'il leur sera enjoint de se conformer audit arrêté dans les 24 heures; et notifié que tout rassemblement qui aurait lieu chez les uns ou les autres serait regardé comme attentatoire aux lois et institutions républicaines et comme tel dissous par tous les moyens que la loi met dans les mains des autorités constituées.

4° Que conformément à l'article 3 du même arrêté des visites seront faites par des membres de l'administration, une fois chaque mois, dans les diverses écoles de la commune et qu'une surveillance particulière sera exercée sur celles que tiennent les citoyens :

Meynier, rue Saint-Laurent, 115.

Avenier, idem, 75.

Legier, rue du Bœuf, 4.

Rivière, rue Chenoise.

Chevalier, place Claveyson, 45.

Buissière, près l'église Saint-Joseph.

Martin, derrière Saint-Ursule, près du Four.

Les citoyennes Maria, rue Brocherie 115.

La citoyenne Marie Aubry, rue Très-Cloître.

La sœur Louise, rue Très Cloître, maison Bourron.

La Bonnereau, rue Neuve, vis-à-vis le collège.

La Thérèse, rue Créqui.

La Blachère, rue Saint-Jacques.

La Perrichon, rue des Vieux-Jésuites.

Les Maurice, rue Créqui, du côté des remparts.

Les Falquet, rue du Sault.

5° Que les commissaires de police, seront chargés de remettre l'extrait du présent aux individus compris en l'article 1er et d'en requérir la prompte exécution.

TABLE

TABLE

Imprimerie N.-D. des Prés. — Ern. Duquat directeur.
Neuville-sous-Montreuil (P.-de-C.)

www.ingramcontent.com/pod-product-compliance
Ingram Content Group UK Ltd.
Pitfield, Milton Keynes, MK11 3LW, UK
UKHW020243180726
13839UKWH00001B/139